2018

广西经济普查年鉴

Guangxi Economic Census Yearbook

● 第二产业卷(下)

广西第四次全国经济普查领导小组办公室 编著

线装书局

图书在版编目（CIP）数据

广西经济普查年鉴．2018．第二产业卷．下 / 广西第四次全国经济普查领导小组办公室编著．-- 北京 ：线装书局，2020.9

ISBN 978-7-5120-4122-6

Ⅰ．①广… Ⅱ．①广… Ⅲ．①经济－普查－广西－2018－年鉴 Ⅳ．①F127.67-54

中国版本图书馆 CIP 数据核字(2020)第 173229 号

广西经济普查年鉴（2018）——第二产业卷（下）

编 著 者：广西第四次全国经济普查领导小组办公室

责任编辑：周思远

出版发行：线装书局

地　址：北京市丰台区方庄日月天地大厦B座17层（100078）

电　话：010-58077126（发行部）010-58076938（总编室）

网　址：www.zgxzsj.com

经　　销：新华书店

印　　制：广西汇望凤凰印务有限公司

开　　本：880mm×1230mm　1/16

印　　张：25.5

字　　数：1080 千字

版　　次：2020 年 9 月第 1 版第 1 次印刷

线装书局官方微信

定　　价：680.00 元（全 4 册）

编辑组人员

第一篇　规模以上工业企业科技情况

主　　编：居　青

副 主 编：邱　燕　付晓霞

编辑人员：陈立峰　卢启函

数据处理：付晓霞

责任校对：付晓霞

第二篇　建筑业企业生产经营及财务状况

主　　编：温丹丹

副 主 编：任亚平　陈李全

编辑人员：何志雄　覃文涛　吴　凯　莫秋丽

数据处理：何志雄

责任校对：陈李全

第二产业卷（下） 目录

第一篇 规模以上工业企业科技情况

A.企业 R&D 及相关活动主要指标

B.基本情况

C.企业 R&D 经费支出情况

D.企业 R&D 经费支出情况

G.企业新产品开发及销售情况

H.企业自主知识产权及相关情况

I.企业政府相关政策落实情况

J.企业技术获取和技术改造情况

第二篇 建筑业企业生产经营及财务状况

附 录

第一篇

规模以上工业企业科技情况

A. 企业R&D及相关活动主要指标

1-A-1 企业R&D及相关活动主要指标

主要指标	单位	总计	大型	中型	小微型
基本情况					
有R&D活动的企业	个	485	49	144	292
有研发机构的企业	个	204	35	70	99
有新产品销售的企业	个	425	41	124	260
R&D人员情况					
R&D人员合计	人	29182	17233	6544	5405
#女性	人	5847	3052	1466	1329
#研究人员	人	10659	6912	2051	1696
#全时人员	人	19992	11146	4834	4012
R&D人员折合全时当量	人年	17227	11096	3428	2703
R&D经费情况					
R&D经费内部支出	万元	891031	658682.7	142428.0	89920
按支出用途分					
1. 日常性支出	万元	804899	592678.80	131247.90	80973
#人员劳务费	万元	239534	173867.90	41053.60	24613
2. 资产性支出	万元	86132	66003.90	11180.10	8948
#仪器和设备	万元	83954	64035.90	11055.70	8862
按资金来源分					
政府资金	万元	49653	29570.50	14089.20	5994
企业资金	万元	819541	613224.00	125693.40	80623
国外资金	万元	1532	627.00	904.50	
其他资金	万元	17002	15261.20	1740.90	
R&D经费外部支出	万元	44237	40042.10	4195.10	
#对境内研究机构支出	万元	17540	16508.50	1031.20	
对境内高等学校支出	万元	3756	3168.70	587.30	
对境外支出	万元	6648	5174.40	1473.10	
R&D项目情况					
项目数	项	2884	1194	800	890
参加项目人员	人	26959	16235	5929	4795
项目人员折合全时当量	人年	15937	10406	3131	2400
项目经费内部支出	万元	835710	623629.30	130370.00	81711

1-A-1 续表

主要指标	单位	总计	大型	中型	小微型
企业办研发机构情况					
机构数	个	271	63	106	102
机构人员数	人	15323	9065	4074	2184
#博士	人	176	137	39	
硕士	人	1635	1332	303	
机构经费支出	万元	511756	380071.60	93086.60	38598
仪器和设备原价	万元	560781	288807.00	240789.50	31184
#进口	万元	58790	53195.40	5594.50	
新产品开发及生产情况					
新产品开发项目数	项	3444	1280	926	1238
新产品开发经费支出	万元	1091022	789818.30	178641.70	122562
新产品销售收入	万元	18335851	13625082.50	3497997.50	1212771
#新产品出口	万元	1615378	675662.40	906141.90	33574
自主知识产权及相关情况					
专利申请数	件	6239	3973	1125	1141
#发明专利	件	2559	1315	585	659
有效发明专利数	件	6846	2877	1794	2175
#境外授权	件	45	27	18	
拥有注册商标数	件	5111	2286	1374	1451
#境外注册	件	1010	704	306	
形成国家或行业标准数	项	190	113	58	19
政府相关政策落实情况					
来自政府部门的研究开发经费	万元	50382	29786.90	12827.70	7768
研究开发费用加计扣除减免税	万元	77001	55982.70	15705.30	5313
高新技术企业减免税	万元	46709	32929.90	8914.80	4864
技术获取和技术改造情况					
引进技术经费支出	万元	6071	6030.90	40.50	
消化吸收经费支出	万元	5058	4922.40	135.50	
购买国内技术经费支出	万元	12811	11754.40	448.30	608
技术改造经费支出	万元	634776	549338.60	59428.20	26009

1-A-2 分登记注册类型企

主要指标	单位	内资企业	国有企业	集体企业
基本情况				
有R&D活动的企业	个	438	4	2
有研发机构的企业	个	177	2	2
有新产品销售的企业	个	382	2	2
R&D人员情况				
R&D人员合计	人	19271	126	61
#女性	人	4280	33	17
#研究人员	人	7042	63	9
#全时人员	人	13303	75	29
R&D人员折合全时当量	人年	11037	61	14
R&D经费情况				
R&D经费内部支出	万元	568234.50	1762	502
按支出用途分				
1. 日常性支出	万元	532026.20	1599	436
#人员劳务费	万元	140775.10	780	322
2. 资产性支出	万元	36208.30	163	66
#仪器和设备	万元	34980.50	161	66
按资金来源分				
政府资金	万元	36784.50	376	
企业资金	万元	509797.10	1386	502
国外资金	万元	1620.30		
其他资金	万元	20032.60		
R&D经费外部支出	万元	27435.90	46	
#对境内研究机构支出	万元	7453.20	19	
对境内高等学校支出	万元	3001.10	27	
对境外支出	万元	2228.60		
R&D项目情况				
项目数	项	2437	29	6
参加项目人员	人	17525	116	54
项目人员折合全时当量	人年	10032	56	13
项目经费内部支出	万元	516101.80	1161	502

业R&D及相关活动主要指标

股份合作企业	联营企业	有限责任公司	股份有限公司	私营企业	港澳台商投资企业	外商投资企业
		186	54	192	26	21
1		73	27	72	15	12
1		148	51	178	23	20
		9925	3906	5253	1527	8384
		2235	957	1038	343	1224
		3594	1603	1773	473	3144
		6902	2883	3414	1231	5458
		5579	2439	2944	883	5307
		307242.50	101176.90	157551.20	29251.60	293545.00
		281748.60	98103.00	150139.70	24726.10	248147.00
		79692.60	34290.90	25690.40	9312.40	89446.70
		25493.90	3073.90	7411.50	4525.50	45398.00
		24463.80	2930.40	7359.20	4515.80	44457.50
		18515.50	10983.90	6908.90	3563.40	9305.30
		284941.10	73021.20	149947.10	25504.00	284239.70
		1250.60	369.70		84.50	
		2535.30	16802.10	695.20	99.70	
		16766.70	9332.30	1291.30	292.40	18563.90
		1707.50	5500.20	226.80	154.10	10365.60
		2255.10	507.80	211.30	13.30	1053.60
		547.70	1680.90		102.10	4356.00
		1372	412	618	166	281
		8983	3665	4707	1387	8047
		5020	2288	2655	810	5094
		268794.90	96642.40	149002.20	28085.30	291522.80

1-A-2 续表

主要指标	单位	内资企业	国有企业	集体企业
企业办研发机构情况				
机构数	个	238	8	2
机构人员数	人	10331	117	42
#博士	人	155	3	
硕士	人	1151	28	2
机构经费支出	万元	318657.60	1135.20	416.90
仪器和设备原价	万元	450220	2045.20	333.70
#进口	万元	22229.10	375.70	22
新产品开发及生产情况				
新产品开发项目数	项	2944	31	4
新产品开发经费支出	万元	654986.30	1853	47.40
新产品销售收入	万元	10704767.40	15257.50	7825.50
#新产品出口	万元	1445386.90	384.40	
自主知识产权及相关情况				
专利申请数	件	3732	11	
#发明专利	件	1664	9	
有效发明专利数	件	5250	90	16
#境外授权	件	38	1	
拥有注册商标数	件	3955	63	2
#境外注册	件	621		
形成国家或行业标准数	项	161		
政府相关政策落实情况				
来自政府部门的研究开发经费	万元	37403.40	1638.70	
研究开发费用加计扣除减免税	万元	41024.90	127.30	
高新技术企业减免税	万元	21437.70	15.90	
技术获取和技术改造情况				
引进技术经费支出	万元	243.50		
消化吸收经费支出	万元	185		
购买国内技术经费支出	万元	1683.70		
技术改造经费支出	万元	345841.10	372.60	22.50

股份合作企业	联营企业	有限责任公司	股份有限公司	私营企业	港澳台商投资企业	外商投资企业
1		100	41	86	17	16
11		4527	3262	2372	1268	3724
		74	51	27	9	54
		558	417	146	57	576
86.70		200687.10	71329.20	45002.50	47831.00	145267.50
229.30		189830.90	225533.50	32247.40	33837.50	76723.20
		9377.50	9581.10	2872.80	2937.80	34769.30
		1579	473	857	212	288
		344477.20	121821.50	186787.20	50932.30	385103.30
604.50		6118923.70	2488156.90	2073999.30	548834.80	7082248.70
		949338.20	432747.50	62916.80	55018.50	114972.90
		2002	820	899	332	2175
		800	380	475	158	737
1		2307	1443	1393	339	1257
		13	21	3	8	64
		1685	1084	1121	87	1069
		439	175	7	12	489
		106	35	20	7	22
		17441.70	11529.80	6793.20	3631.40	9347.60
		24078	11125.60	5694	17214.70	18761.70
		12217.20	5009.90	4194.70	7278.60	17992.70
		243.50				6071.40
		32	23	130	86	5002.90
		735.70	35	913	186.80	10940.20
		272946.00	49351.40	23148.60	53087.00	235847.70

1-A-3 制造业企业R&D

主要指标	单位	制造业合计	农副食品加工业	食品制造业	酒、饮料和精制茶制造业	烟草制品业	纺织业
基本情况							
有R&D活动的企业	个	473	18	21	14	1	6
有研发机构的企业	个	197	12	7	8	1	3
有新产品销售的企业	个	417	21	17	16	1	6
R&D人员情况							
R&D人员合计	人	28272	622	454	699	353	370
#女性	人	5661	149	212	186	127	205
#研究人员	人	10211	141	120	197	183	34
#全时人员	人	19368	403	282	426	220	160
R&D人员折合全时当量	人年	16632	314	210	406	208	203
R&D经费情况							
R&D经费内部支出	万元	876470.40	15697.60	5656.70	9304.00	17427.60	4550.10
按支出用途分							
1. 日常性支出	万元	794279.80	15089.80	5230.00	8800.10	17400.00	3831.10
#人员劳务费	万元	238233.00	3543.90	1835.10	3012.70	4559.30	743.90
2. 资产性支出	万元	82190.60	607.80	426.70	503.90	27.60	719.00
#仪器和设备	万元	80038.90	601.70	405.30	442.20	27.60	719.00
按资金来源分							
政府资金	万元	48846.80	495.80	492.70	226.00		45.20
企业资金	万元	805886.20	14368.30	5093.30	9037.20	17427.10	4504.90
国外资金	万元	1704.80	84.50				
其他资金	万元	20032.60	749.00	70.70	40.80	0.50	
R&D经费外部支出	万元	42502.30	109.00	102.40	28.00	1587.00	13.00
#对境内研究机构支出	万元	17376.90	104.40		14.90	265.20	8.00
对境内高等学校支出	万元	3304.60	4.60	63.20	13.10	988.50	2.50
对境外支出	万元	6641.60		39.20			
R&D项目情况							
项目数	项	2712	77	75	44	117	26
参加项目人员	人	26133	564	417	620	335	358
项目人员折合全时当量	人年	15386	284	193	376	197	195
项目经费内部支出	万元	821704.30	15488.50	4715.20	8839.60	11811.30	3979.90

及相关活动主要指标

纺织服装、服饰业	皮革、毛皮、羽毛及其制品和制鞋业	木材加工和木、竹、藤、棕、草制品业	家具制造业	造纸及纸制品业	印刷和记录媒介复制业	文教、工美、体育和娱乐用品制造业	石油、煤炭及其他燃料加工业	化学原料和化学制品制造业	医药制造业
	1	11	1	8	1	3	4	49	36
	1	5		2	1		2	21	16
	1	9	1	5	2	3	6	41	23
	7	189	2	289	72	56	65	1347	1237
	1	36	1	80	18	16	40	358	509
	4	47	1	97	13	1	32	414	553
	4	81	2	211	26	12	48	911	827
	6	74	1	131	47	35	33	692	636
	463.90	3762.30	34.90	43668.80	2086.20	1222.80	1291.10	30967.20	18096.30
	459.20	3313.70	32.00	10603.10	2054.60	1124.60	1232.00	27940.80	16932.60
	259.70	654.50	10.70	1281.00	606.10	231.40	383.00	7193.80	5454.30
	4.70	448.60	2.90	33065.70	31.60	98.20	59.10	3026.40	1163.70
	4.70	447.80	2.90	33065.70	31.60	98.20	58.40	3021.50	1162.10
		131.90			67.00	68.00	20.00	1579.00	2189.40
	463.90	3630.40	34.90	43668.80	2019.20	1154.80	1271.10	27864.80	15810.90
									84.70
								1523.40	11.30
		24.40		990.10				542.30	7631.00
		21.00						179.60	5357.70
		3.40						273.10	132.00
									292.50
	1	25	1	24	7	13	13	194	199
	6	179	2	276	70	53	57	1193	1091
	5	70	1	125	45	35	29	616	553
	463.90	3754.40	34.90	43589.30	2086.20	1222.60	1163.20	26420.70	14848.00

1-A-3 续表 1

主要指标	单位	制造业合计	农副食品加工业	食品制造业	酒、饮料和精制茶制造业	烟草制品业	纺织业
企业办研发机构情况							
机构数	个	261	12	8	8	1	10
机构人员数	人	14821	538	172	168	114	198
#博士	人	202	11	4	11	11	3
硕士	人	1644	19	13	16	37	5
机构经费支出	万元	502257.20	14350.50	1658.70	1915.60	20804.20	2433.70
仪器和设备原价	万元	515785.50	13756.30	2744.90	2302.30	8520.00	4163.00
#进口	万元	54753.50	5447.30	890.00	473.50		1991.00
新产品开发及生产情况							
新产品开发项目数	项	3275	135	101	53	81	30
新产品开发经费支出	万元	1081186.90	27016.90	6332.10	12305.70	16661.30	4623.90
新产品销售收入	万元	18035785.50	334111.80	34423.40	53291.30	289596.00	69376.20
#新产品出口	万元	1615378.30	1149.70	8952.10	739.60	133.40	20736.50
自主知识产权及相关情况							
专利申请数	件	5607	42	62	65	84	40
#发明专利	件	2466	31	30	26	44	11
有效发明专利数	件	6695	150	145	242	118	134
#境外授权	件	110		54			
拥有注册商标数	件	5060	172	507	131	331	4
#境外注册	件	1122	14	94	6	62	
形成国家或行业标准数	项	182	14		3	16	
政府相关政策落实情况							
来自政府部门的研究开发经费	万元	49832.90	527.50	314.90	215.40		37.00
研究开发费用加计扣除减免税	万元	77001.30	235.00	197.20	88.40		
高新技术企业减免税	万元	44689.20	748.20	347.10	115.10		
技术获取和技术改造情况							
引进技术经费支出	万元	6314.90					
消化吸收经费支出	万元	5273.90					
购买国内技术经费支出	万元	12790.70					
技术改造经费支出	万元	616160.90	17365.20		10467.40		546.70

纺织服装、服饰业	皮革、毛皮、羽毛及其制品和制鞋业	木材加工和木、竹、藤、棕、草制品业	家具制造业	造纸及纸制品业	印刷和记录媒介复制业	文教、工美、体育和娱乐用品制造业	石油、煤炭及其他燃料加工工业	化学原料和化学制品制造业	医药制造业
	1	5		2	1		2	32	23
	18	173		76	101		25	752	769
		4						24	11
	3	12		2	4		1	101	75
	506.10	3043.70		1628.80	2476.40		946.90	11138.10	9312.90
	44.60	1712.20		218.60	824.30		429.80	14155.70	5131.50
		11.60						285.70	949.40
		26	2	21	2	9	26	199	190
		2993.50	62.20	24905.30	545.90	582.60	2063.80	29307.60	17170.20
	764.50	32267.00	1531.60	588154.80	23480.50	23963.20	476568.70	467475.20	474546.30
	688.50	293.10		24868.50		675.10		22562.50	52531.00
		48	9	9	9	14	4	132	124
		32	8	6		4	1	88	62
	1	38	1	8	11	21	9	557	482
								2	9
	34	14	1	7			11	711	1384
	1							6	378
		1						3	11
		155.10			67.00	68.00		1329.40	2264.10
				399.10	67.70	157.60	163.00	951.40	4189.60
				7105.30	1557.50	88.90		1495.70	2192.20
									40.50
									126.50
		15.00					2.70	85.00	
	8.00	1181.70	28.00	4326.60	70.00			12622.10	1750.00

1-A-3 续表 2

主要指标	单位	橡胶和塑料制品业	非金属矿物制品业	黑色金属冶炼和压延加工业	有色金属冶炼和压延加工业	金属制品业	通用设备制造业
基本情况							
有R&D活动的企业	个	10	34	7	15	17	21
有研发机构的企业	个	2	7	3	10	4	6
有新产品销售的企业	个	6	33	6	9	15	22
R&D人员情况							
R&D人员合计	人	389	946	1391	1486	390	2251
#女性	人	91	172	124	239	76	323
#研究人员	人	85	220	553	477	102	872
#全时人员	人	263	702	370	909	278	1585
R&D人员折合全时当量	人年	252	484	852	519	162	1397
R&D经费情况							
R&D经费内部支出	万元	8510.80	18258.70	117270.40	89819.90	5041.30	70890.90
按支出用途分							
1. 日常性支出	万元	7524.80	16566.30	106161.40	88397.70	5023.70	65671.00
#人员劳务费	万元	1765.20	5382.30	13046.80	8455.80	1604.90	23240.20
2. 资产性支出	万元	986.00	1692.40	11109.00	1422.20	17.60	5219.90
#仪器和设备	万元	975.30	1651.80	10208.30	1406.60	17.20	5216.80
按资金来源分							
政府资金	万元	1244.60	2523.40	2747.50	3362.00	50.00	2551.70
企业资金	万元	7204.30	15437.00	114522.90	86374.40	4991.30	68131.60
国外资金	万元						134.60
其他资金	万元	61.90	298.30		83.50		73.00
R&D经费外部支出	万元	6.30	137.80		358.00	7.20	12438.40
#对境内研究机构支出	万元		82.50		53.90		6762.90
对境内高等学校支出	万元	6.30	24.30		224.00		
对境外支出	万元						5609.80
R&D项目情况							
项目数	项	77	146	44	206	38	239
参加项目人员	人	360	843	1346	1410	326	2082
项目人员折合全时当量	人年	238	425	823	492	138	1290
项目经费内部支出	万元	8498.30	16837.00	108664.50	76170.70	4956.40	69666.60

专用设备制造业	汽车制造业	铁路、船舶、航空航天和其他运输设备制造业	电气机械和器材制造业	计算机、通信和其他电子设备制造业	仪器仪表制造业	其他制造业	废弃资源综合利用业	金属制品、机械和设备修理业
43	66	1	36	33	12	2	1	1
16	33		15	16	4	1		1
39	72	1	30	22	7	2		1
2692	9650	11	1223	1622	299	12	28	120
504	1508	1	292	304	77	4	3	5
1225	3649	5	391	651	102	4	11	27
2318	6637	10	1024	1306	239	4	4	106
1843	6348	6	576	912	176	4	2	106
78697.20	264316.20	140.00	30056.50	33617.50	3464.80	95.50	19.10	2042.10
75362.30	253377.00	140.00	27514.70	29139.80	3201.60	95.50	18.30	2042.10
29816.30	102469.10	44.80	6927.00	14063.70	1139.80	43.50	15.60	448.60
3334.90	10939.20		2541.80	4477.70	263.20		0.80	
3193.50	10015.40		2537.80	4464.80	261.90		0.80	
9320.30	15382.50		3679.60	2270.20	229.30	70.70		100.00
53672.40	247531.30	140.00	25286.60	31217.50	3235.50	24.80	19.10	1747.90
414.90	686.40		105.50					194.20
15289.60	716.00		984.80	129.80				
1418.80	16162.10		394.40	122.90	260.10	169.10		
273.00	3834.10		376.50	43.20				
365.60	1162.10		17.90	3.30	20.70			
147.70	552.40							
353	395	5	152	155	69	6	1	10
2435	9072	10	1128	1469	280	12	25	114
1680	5922	6	528	848	166	4	2	100
75552.50	261050.90	140.00	25869.10	30356.30	3367.60	95.50	19.10	2042.10

1-A-3 续表 3

主要指标	单位	橡胶和塑料制品业	非金属矿物制品业	黑色金属冶炼和压延加工业	有色金属冶炼和压延加工业	金属制品业	通用设备制造业
企业办研发机构情况							
机构数	个	4	7	3	13	4	6
机构人员数	人	88	216	112	497	44	1341
#博士	人	1	1	3	11		30
硕士	人	19	7	22	89	1	170
机构经费支出	万元	4483.60	8531.50	8532.50	54448.20	2489.70	74650.00
仪器和设备原价	万元	2728.20	3843.10	10021.10	225276.50	4534.30	53177.30
#进口	万元	437.30	140.50	615.00	2419.80		25768.90
新产品开发及生产情况							
新产品开发项目数	项	80	179	47	209	41	230
新产品开发经费支出	万元	8021.60	29829.60	124201.80	73067.70	9216.10	57602.40
新产品销售收入	万元	40687.70	407973.00	2087782.60	408554.70	17368.00	1144448.90
#新产品出口	万元	6306.70	4191.40	4559.00	54951.30	170.50	13947.20
自主知识产权及相关情况							
专利申请数	件	73	148	131	198	105	1141
#发明专利	件	43	81	62	104	53	463
有效发明专利数	件	115	313	153	333	127	813
#境外授权	件		3				1
拥有注册商标数	件	36	33	3	45	24	78
#境外注册	件		8		15		
形成国家或行业标准数	项	1	7	11	4	1	15
政府相关政策落实情况							
来自政府部门的研究开发经费	万元	1244.60	1158.10	2747.50	4214.40	353.50	2345.50
研究开发费用加计扣除减免税	万元	144.90	3227.40	389.00	3505.60	228.30	3193.20
高新技术企业减免税	万元	520.20	2124.50		5381.60		8867.00
技术获取和技术改造情况							
引进技术经费支出	万元						6035.40
消化吸收经费支出	万元				86.00		4931.40
购买国内技术经费支出	万元		25.00	108.40	10.00	120.00	10930.20
技术改造经费支出	万元	222.60	5564.10	99160.00	39092.00	1387.60	2284.30

专用设备制造业	汽车制造业	铁路、船舶、航空航天和其他运输设备制造业	电气机械和器材制造业	计算机、通信和其他电子设备制造业	仪器仪表制造业	其他制造业	废弃资源综合利用业	金属制品、机械和设备修理业
20	41		31	21	4	1		1
2372	4844		1139	893	45	7		119
45	19		9	1	3			
331	589		77	44	1			6
48888.50	198794.10		18219.40	12118.80	397.50	119.40		368.40
42289.00	101302.20		10320.90	7154.70	679.90	255.30		199.80
5942.90	8820.90		387.70	150.00	22.00			
420	733	5	183	177	77	8	1	10
89041.60	471955.30	130.00	35554.60	33092.30	4186.10	137.40	19.10	560.30
1511657.20	7930605.00	20.00	358569.50	1116066.70	16422.80	1541.10		124537.80
360064.50	78995.40		43488.20	912742.30	2595.80	36.00		
904	1562		162	477	46	8		10
430	502		101	258	26			
1287	922		401	194	87	30		3
8	14			11	8			
261	1107		68	72	23	1		2
126	407			2	3			
25	26		35		4	1		4
10736.20	15299.90		3839.50	2271.70	174.30	369.30		100.00
8566.90	45331.60		727.30	4420.60	169.50	18.60		629.40
3570.00	8317.20		1160.70	873.40	187.60	37.00		
239.00								
130.00								
127.30	776.10		50.00	11.00				530.00
25432.20	384707.00		5166.90	656.00	22.50			4100.00

1-A-4 分地区企业R&D

主要指标	单位	南宁市	柳州市	桂林市	梧州市	北海市	防城港市
基本情况							
有R&D活动的企业	个	110	111	77	47	35	10
有研发机构的企业	个	50	49	33	14	17	2
有新产品销售的企业	个	94	115	60	38	33	5
R&D人员情况							
R&D人员合计	人	4358	11653	3682	1614	1021	1064
#女性	人	1188	1860	886	515	260	98
#研究人员	人	1675	4547	1408	351	407	449
#全时人员	人	3213	8007	2859	971	827	324
R&D人员折合全时当量	人年	2288	8141	1766	928	595	609
R&D经费情况							
R&D经费内部支出	万元	118130.20	362760.40	71088.00	26046.60	34853.40	72790.70
按支出用途分							
1.日常性支出	万元	111822.90	339159.30	65395.20	24504.20	32184.70	72746.30
#人员劳务费	万元	23349.50	135311.30	21141.50	5616.30	8700.40	2832.50
2.资产性支出	万元	6307.30	23601.10	5692.80	1542.40	2668.70	44.40
#仪器和设备	万元	6260.90	21624.10	5651.70	1537.50	2667.50	40.10
按资金来源分							
政府资金	万元	7983.50	21551.40	11819.60	693.50	1735.50	261.80
企业资金	万元	109428.10	323761.40	58713.10	25248.40	31656.10	72528.90
国外资金	万元	6.20	1285.00	323.60	90.00		
其他资金	万元	712.40	16162.60	231.70	14.70	1461.80	
R&D经费外部支出	万元	6235.80	17353.50	7381.80	802.40	109.80	14.00
#对境内研究机构支出	万元	1229.70	4043.80	5119.50	557.10	60.00	5.70
对境内高等学校支出	万元	1996.10	1289.50	270.60	18.50	39.80	8.30
对境外支出	万元	39.00	647.80	390.10			
R&D项目情况							
项目数	项	900	626	486	211	117	13
参加项目人员	人	4052	10920	3354	1402	904	1036
项目人员折合全时当量	人年	2121	7599	1583	810	526	594
项目经费内部支出	万元	104084.90	349613.80	63054.80	25008.60	33334.30	72210.10

及相关活动主要指标

钦州市	贵港市	玉林市	百色市	贺州市	河池市	来宾市	崇左市
15	10	21	15	10	5	11	8
9	6	5	1	3	4	7	4
12	9	19	14	8	5	7	6
792	439	2533	745	380	370	223	308
90	129	381	153	95	53	51	88
272	141	906	185	62	80	69	107
627	256	1687	420	226	312	136	127
269	221	1542	248	170	175	92	184
56560.40	6797.40	72897.50	22113.70	6694.00	31800.20	3774.10	4724.50
19907.70	6758.90	66964.50	20816.20	5916.00	31208.40	3078.10	4436.90
4509.30	2744.50	23262.10	5469.50	1522.10	3081.80	1227.90	765.50
36652.70	38.50	5933.00	1297.50	778.00	591.80	696.00	287.60
36652.70	38.50	5865.90	1276.40	777.30	581.70	695.90	283.60
90.10	489.00	2165.10	411.10	1022.70	568.50	356.00	505.40
55219.50	6308.40	70659.40	21702.60	5539.80	31231.70	3418.10	4125.30
1250.80		73.00		131.50			93.80
1029.10		12745.80	213.10	42.10	33.20	154.10	177.50
28.20		6754.10	31.90		12.70	69.30	60.90
3.30		9.60	173.20	42.10	18.10	82.30	116.60
		5609.80					
72	43	226	61	43	20	39	27
704	400	2299	695	359	342	197	295
250	205	1428	230	163	172	82	175
56264.30	6746.30	71847.80	21842.50	6596.30	17189.00	3212.90	4704.30

1-A-4 分地区企业R&D

主要指标	单位	南宁市	柳州市	桂林市	梧州市	北海市	防城港市
基本情况							
有R&D活动的企业	个	110	111	77	47	35	10
有研发机构的企业	个	50	49	33	14	17	2
有新产品销售的企业	个	94	115	60	38	33	5
R&D人员情况							
R&D人员合计	人	4358	11653	3682	1614	1021	1064
#女性	人	1188	1860	886	515	260	98
#研究人员	人	1675	4547	1408	351	407	449
#全时人员	人	3213	8007	2859	971	827	324
R&D人员折合全时当量	人年	2288	8141	1766	928	595	609
R&D经费情况							
R&D经费内部支出	万元	118130.20	362760.40	71088.00	26046.60	34853.40	72790.70
按支出用途分							
1.日常性支出	万元	111822.90	339159.30	65395.20	24504.20	32184.70	72746.30
#人员劳务费	万元	23349.50	135311.30	21141.50	5616.30	8700.40	2832.50
2.资产性支出	万元	6307.30	23601.10	5692.80	1542.40	2668.70	44.40
#仪器和设备	万元	6260.90	21624.10	5651.70	1537.50	2667.50	40.10
按资金来源分							
政府资金	万元	7983.50	21551.40	11819.60	693.50	1735.50	261.80
企业资金	万元	109428.10	323761.40	58713.10	25248.40	31656.10	72528.90
国外资金	万元	6.20	1285.00	323.60	90.00		
其他资金	万元	712.40	16162.60	231.70	14.70	1461.80	
R&D经费外部支出	万元	6235.80	17353.50	7381.80	802.40	109.80	14.00
#对境内研究机构支出	万元	1229.70	4043.80	5119.50	557.10	60.00	5.70
对境内高等学校支出	万元	1996.10	1289.50	270.60	18.50	39.80	8.30
对境外支出	万元	39.00	647.80	390.10			
R&D项目情况							
项目数	项	900	626	486	211	117	13
参加项目人员	人	4052	10920	3354	1402	904	1036
项目人员折合全时当量	人年	2121	7599	1583	810	526	594
项目经费内部支出	万元	104084.90	349613.80	63054.80	25008.60	33334.30	72210.10

钦州市	贵港市	玉林市	百色市	贺州市	河池市	来宾市	崇左市
13	6	6	1	6	6	8	7
606	340	1353	14	227	239	239	147
2	4	29		1	5	1	5
7	8	173	2	7	17	15	20
10657.90	3458.40	74121.20	470.20	3119.90	4145.50	2450.10	5737.20
6384.30	8378.10	54639.30	82.20	1138.50	4955.70	7775.90	3484.20
25.20	3802.10	25716.90			934.00	607.10	450.00
98	43	182	58	43	19	26	35
44525.60	7309.70	55095.10	24116.70	6928.50	16075.70	1438.60	5276.50
804983.70	88235.90	1281654.50	223527.10	122670.60	30463.10	33660.30	348110.30
50756.70	46.20	16621.00		3445.90		1417.20	
64	26	1145	128	35	50	31	23
27	14	462	55	16	21	19	19
164	43	728	165	85	83	105	115
		1	1			2	
41	19	147	8	33	14	7	7
	4	30					
	12	6	4			1	1
251.00	195.00	2070.10	1172.60	811.70	557.40	328.80	799.80
789.00	137.80	3424.90	246.70	1272.60	3121.20	63.60	29.50
7656.80	445.80	8717.40	5542.90	1610.10		39.70	2030.20
	239.00	6030.90					
		4899.40					
11.00	32.30	10990.20		10.00			10.00
4813.40	4268.20	3309.20	10017.50	1345.80	32354.50	16930.70	1946.60

B. 基本情况

1-B-1 分登记注册类型企业基本情况

单位：个

登记注册类型	有R&D活动的企业	有研发机构的企业	有新产品销售的企业
总　计	**485**	**204**	**425**
内资企业	**438**	**177**	**382**
国有企业	4	2	2
集体企业	2	2	2
股份合作企业		1	1
联营企业			
集体联营企业			
国有与集体联营企业			
有限责任公司	186	73	148
国有独资公司	22	8	17
其他有限责任公司	164	65	131
股份有限公司	54	27	51
私营企业	192	72	178
私营独资企业	1	1	
私营合伙企业			
私营有限责任公司	161	61	158
私营股份有限公司	30	10	20
港、澳、台商投资企业	**26**	**15**	**23**
合资经营企业	17	9	12
合作经营企业			
港、澳、台商独资经营企业	8	6	10
港、澳、台商投资股份有限公司	1		1
其他港、澳、台投资企业			
外商投资企业	**21**	**12**	**20**
中外合资经营企业	10	5	9
中外合作经营企业			
外资企业	10	6	10
外商投资股份有限公司	1	1	1
其他外商投资企业			

1-B-2 分登记注册类型大中型企业基本情况

单位：个

登记注册类型	有R&D活动的企业		有研发机构的企业		有新产品销售的企业	
	大型	中型	大型	中型	大型	中型
总　计	**49**	**144**	**35**	**70**	**41**	**124**
内资企业	**39**	**129**	**26**	**60**	**30**	**108**
国有企业		2		1		1
集体企业		1		1		1
股份合作企业						
有限责任公司	19	65	12	29	12	53
国有独资公司	5	10	4	4	5	8
其他有限责任公司	14	55	8	25	7	45
股份有限公司	13	16	11	7	12	15
私营企业	7	45	3	22	6	38
私营独资企业		1		1		
私营合伙企业						
私营有限责任公司	4	40	1	20	3	35
私营股份有限公司	3	4	2	1	3	3
港、澳、台商投资企业	**5**	**8**	**6**	**4**	**6**	**9**
合资经营企业	2	6	2	3	2	4
合作经营企业						
港、澳、台商独资经营企业	3	1	4	1	4	4
港、澳、台商投资股份有限公司		1				1
其他港、澳、台投资企业						
外商投资企业	**5**	**7**	**3**	**6**	**5**	**7**
中外合资经营企业	3	3	1	3	3	3
中外合作经营企业						
外资企业	1	4	1	3	1	4
外商投资股份有限公司	1		1		1	
其他外商投资企业						

1-B-3 分行业企业基本情况

单位：个

行　业	有R&D活动的企业	有研发机构的企业	有新产品销售的企业
总　计	**485**	**204**	**425**
采矿业	**6**	**6**	**5**
煤炭开采和洗选业	1		1
石油和天然气开采业			
黑色金属矿采选业	1	1	1
有色金属矿采选业	2	2	1
非金属矿采选业	2	3	2
其他采矿业			
制造业	**473**	**197**	**417**
农副食品加工业	18	12	21
食品制造业	21	7	17
酒、饮料和精制茶制造业	14	8	16
烟草制品业	1	1	1
纺织业	6	3	6
纺织服装、服饰业			
皮革、毛皮、羽毛及其制品和制鞋业	1	1	1
木材加工和木、竹、藤、棕、草制品业	11	5	9
家具制造业	1		1
造纸和纸制品业	8	2	5
印刷和记录媒介复制业	1	1	2
文教、工美、体育和娱乐用品制造业	3		3
石油加工、炼焦和核燃料加工业	4	2	6
化学原料和化学制品制造业	49	21	41
医药制造业	36	16	23
橡胶和塑料制品业	10	2	6
非金属矿物制品业	34	7	33
黑色金属冶炼和压延加工业	7	3	6
有色金属冶炼和压延加工业	15	10	9
金属制品业	17	4	15
通用设备制造业	21	6	22
专用设备制造业	43	16	39
汽车制造业	66	33	72
铁路、船舶、航空航天和其他运输设备制造业	1		1
电气机械和器材制造业	36	15	30
计算机、通信和其他电子设备制造业	33	16	22
仪器仪表制造业	12	4	7
其他制造业	2	1	2
废弃资源综合利用业	1		
金属制品、机械和设备修理业	1	1	1
电力、热力、燃气及水生产和供应业	**6**	**1**	**3**
电力、热力生产和供应业	4	1	2
燃气生产和供应业			
水的生产和供应业	2		1

1-B-4 分行业内资企业基本情况

单位：个

行　　业	有R&D活动的企业	有研发机构的企业	有新产品销售的企业
总　计	**438**	**177**	**382**
采矿业	**4**	**3**	**3**
煤炭开采和洗选业	1		1
黑色金属矿采选业			
有色金属矿采选业	2	2	1
非金属矿采选业	1	1	1
其他采矿业			
制造业	**429**	**173**	**376**
农副食品加工业	17	11	20
食品制造业	19	6	16
酒、饮料和精制茶制造业	13	7	16
烟草制品业	1	1	1
纺织业	6	2	5
纺织服装、服饰业			
皮革、毛皮、羽毛及其制品和制鞋业	1	1	1
木材加工和木、竹、藤、棕、草制品业	11	5	9
家具制造业	1		1
造纸和纸制品业	6	2	3
印刷和记录媒介复制业			1
文教、工美、体育和娱乐用品制造业	3		3
石油加工、炼焦和核燃料加工业	3	2	6
化学原料和化学制品制造业	47	20	39
医药制造业	33	15	21
橡胶和塑料制品业	10	2	6
非金属矿物制品业	28	6	28
黑色金属冶炼和压延加工业	6	3	5
有色金属冶炼和压延加工业	13	9	7
金属制品业	17	4	14
通用设备制造业	17	3	18
专用设备制造业	40	16	38
汽车制造业	57	27	61
铁路、船舶、航空航天和其他运输设备制造业	1		1
电气机械和器材制造业	36	15	30
计算机、通信和其他电子设备制造业	27	11	17
仪器仪表制造业	12	3	6
其他制造业	2	1	2
废弃资源综合利用业	1		
金属制品、机械和设备修理业	1	1	1
电力、热力、燃气及水生产和供应业	**5**	**1**	**3**
电力、热力生产和供应业	4	1	2
燃气生产和供应业			
水的生产和供应业	1		1

1-B-5 分行业港澳台商投资企业基本情况

单位：个

行　业	有R&D活动的企业	有研发机构的企业	有新产品销售的企业
总　计	**26**	**15**	**23**
采矿业	**1**	**1**	**1**
非金属矿采选业	1	1	1
制造业	**25**	**14**	**22**
农副食品加工业	1	1	1
食品制造业	1		
酒、饮料和精制茶制造业	1	1	
纺织业		1	1
纺织服装、服饰业			
皮革、毛皮、羽毛及其制品和制鞋业			
木材加工和木、竹、藤、棕、草制品业			
家具制造业			
造纸和纸制品业			
印刷和记录媒介复制业	1	1	1
文教、工美、体育和娱乐用品制造业			
石油加工、炼焦和核燃料加工业	1		
化学原料和化学制品制造业	2	1	2
医药制造业	2		1
橡胶和塑料制品业			
非金属矿物制品业	4		4
黑色金属冶炼和压延加工业			
有色金属冶炼和压延加工业	1	1	1
金属制品业			
通用设备制造业	1	1	1
专用设备制造业	1		1
汽车制造业	3	2	4
电气机械和器材制造业			
计算机、通信和其他电子设备制造业	6	5	5
仪器仪表制造业			
其他制造业			
废弃资源综合利用业			
电力、热力、燃气及水生产和供应业			
电力、热力生产和供应业			
燃气生产和供应业			
水的生产和供应业			

1-B-6 分行业外商投资企业基本情况

单位：个

行　　业	有R&D活动的企业	有研发机构的企业	有新产品销售的企业
总　计	**21**	**12**	**20**
采矿业	**1**	**2**	**1**
石油和天然气开采业			
黑色金属矿采选业	1	1	1
非金属矿采选业		1	
制造业	**19**	**10**	**19**
农副食品加工业			
食品制造业	1	1	1
酒、饮料和精制茶制造业			
纺织服装、服饰业			
皮革、毛皮、羽毛及其制品和制鞋业			
木材加工和木、竹、藤、棕、草制品业			
造纸和纸制品业	2		2
文教、工美、体育和娱乐用品制造业			
石油加工、炼焦和核燃料加工业			
化学原料和化学制品制造业			
医药制造业	1	1	1
非金属矿物制品业	2	1	1
黑色金属冶炼和压延加工业	1		1
有色金属冶炼和压延加工业	1		1
金属制品业			1
通用设备制造业	3	2	3
专用设备制造业	2		
汽车制造业	6	4	7
电气机械和器材制造业			
计算机、通信和其他电子设备制造业			
仪器仪表制造业		1	1
其他制造业			
电力、热力、燃气及水生产和供应业	**1**		
电力、热力生产和供应业			
燃气生产和供应业			
水的生产和供应业	1		

1-B-7 各地区企业基本情况

单位：个

地　　区	有R&D活动的企业	有研发机构的企业	有新产品销售的企业
广西壮族自治区	**485**	**204**	**425**
南宁市	110	50	94
柳州市	111	49	115
桂林市	77	33	60
梧州市	47	14	38
北海市	35	17	33
防城港市	10	2	5
钦州市	15	9	12
贵港市	10	6	9
玉林市	21	5	19
百色市	15	1	14
贺州市	10	3	8
河池市	5	4	5
来宾市	11	7	7
崇左市	8	4	6

1-B-8 各地区内资企业基本情况

单位：个

地　　区	有R&D活动的企业	有研发机构的企业	有新产品销售的企业
广西壮族自治区	**438**	**177**	**382**
南宁市	99	45	85
柳州市	101	43	104
桂林市	72	27	55
梧州市	42	11	33
北海市	32	16	30
防城港市	10	2	5
钦州市	12	7	10
贵港市	9	6	9
玉林市	18	3	16
百色市	14	1	13
贺州市	9	2	7
河池市	5	4	5
来宾市	11	7	7
崇左市	4	3	3

1-B-9 各地区港澳台商投资企业基本情况

单位：个

地　　区	有R&D活动的企业	有研发机构的企业	有新产品销售的企业
广西壮族自治区	**26**	**15**	**23**
南宁市	7	3	5
柳州市	3	2	3
桂林市	2	2	2
梧州市	5	3	5
北海市	3	1	3
防城港市			
钦州市	2	2	1
贵港市			
玉林市	1	1	2
百色市	1		1
贺州市	1	1	1
河池市			
来宾市			
崇左市	1		

1-B-10 各地区外商投资企业基本情况

单位：个

地　　区	有R&D活动的企业	有研发机构的企业	有新产品销售的企业
广西壮族自治区	**21**	**12**	**20**
南宁市	4	2	4
柳州市	7	4	8
桂林市	3	4	3
梧州市			
北海市			
防城港市			
钦州市	1		1
贵港市	1		
玉林市	2	1	1
百色市			
贺州市			
河池市			
来宾市			
崇左市	3	1	3

C. 企业R&D经费支出情况

1-C-1 分登记注册类型企业R&D人员情况

登记注册类型	R&D人员合计(人)	女性	研究人员	全时人员	R&D人员折合全时当量(人年)
总　计	**29182**	**5847**	**10659**	**19992**	**17228**
内资企业	**19271**	**4280**	**7042**	**13303**	**11037**
国有企业	126	33	63	75	61
集体企业	61	17	9	29	14
股份合作企业					
联营企业					
集体联营企业					
国有与集体联营企业					
有限责任公司	9925	2235	3594	6902	5579
国有独资公司	2092	355	865	1364	1314
其他有限责任公司	7833	1880	2729	5538	4265
股份有限公司	3906	957	1603	2883	2439
私营企业	5253	1038	1773	3414	2944
私营独资企业	6	2	3	3	4
私营合伙企业					
私营有限责任公司	4404	870	1512	2840	2545
私营股份有限公司	843	166	258	571	395
港、澳、台商投资企业	**1527**	**343**	**473**	**1231**	**883**
合资经营企业	1052	267	354	869	702
合作经营企业					
港、澳、台商独资经营企业	447	71	114	339	163
港、澳、台商投资股份有限公司	28	5	5	23	19
其他港、澳、台投资企业					
外商投资企业	**8384**	**1224**	**3144**	**5458**	**5307**
中外合资经营企业	6288	901	2316	4133	3964
中外合作经营企业					
外资企业	296	79	111	136	179
外商投资股份有限公司	1800	244	717	1189	1164
其他外商投资企业					

1-C-2 分行业企业R&D人员情况

行　业	R&D人员合计(人)	女性	研究人员	全时人员	R&D人员折合全时当量(人年)
总　计	**29182**	**5847**	**10659**	**19992**	**17228**
采矿业	**377**	**76**	**161**	**186**	**149**
煤炭开采和洗选业	59	1	34	32	3
石油和天然气开采业					
黑色金属矿采选业	188	44	83	44	118
有色金属矿采选业	102	20	36	84	7
非金属矿采选业	28	11	8	26	22
其他采矿业					
制造业	**28272**	**5661**	**10211**	**19368**	**16632**
农副食品加工业	622	149	141	403	314
食品制造业	454	212	120	282	210
酒、饮料和精制茶制造业	699	186	197	426	406
烟草制品业	353	127	183	220	208
纺织业	370	205	34	160	203
纺织服装、服饰业					
皮革、毛皮、羽毛及其制品和制鞋业	7	1	4	4	6
木材加工和木、竹、藤、棕、草制品业	189	36	47	81	74
家具制造业	2	1	1	2	1
造纸和纸制品业	289	80	97	211	131
印刷和记录媒介复制业	72	18	13	26	47
文教、工美、体育和娱乐用品制造业	56	16	1	12	35
石油加工、炼焦和核燃料加工业	65	40	32	48	33
化学原料和化学制品制造业	1347	358	414	911	692
医药制造业	1237	509	553	827	636
橡胶和塑料制品业	389	91	85	263	252
非金属矿物制品业	946	172	220	702	484
黑色金属冶炼和压延加工业	1391	124	553	370	852
有色金属冶炼和压延加工业	1486	239	477	909	519
金属制品业	390	76	102	278	162
通用设备制造业	2251	323	872	1585	1397
专用设备制造业	2692	504	1225	2318	1843
汽车制造业	9650	1508	3649	6637	6348
铁路、船舶、航空航天和其他运输设备制造业	11	1	5	10	6
电气机械和器材制造业	1223	292	391	1024	576
计算机、通信和其他电子设备制造业	1622	304	651	1306	912
仪器仪表制造业	299	77	102	239	176
其他制造业	12	4	4	4	4
废弃资源综合利用业	28	3	11	4	2
金属制品、机械和设备修理业	120	5	27	106	106
电力、热力、燃气及水生产和供应业	**533**	**110**	**287**	**438**	**446**
电力、热力生产和供应业	507	106	276	430	442
燃气生产和供应业					
水的生产和供应业	26	4	11	8	4

1-C-3 分行业内资企业R&D人员情况

行　　业	R&D人员合计(人)	女性	研究人员	全时人员	R&D人员折合全时当量(人年)
总　计	**19271**	**4280**	**7042**	**13303**	**11037**
采矿业	**186**	**31**	**77**	**139**	**30**
煤炭开采和洗选业	59	1	34	32	3
黑色金属矿采选业					
有色金属矿采选业	102	20	36	84	7
非金属矿采选业	25	10	7	23	20
其他采矿业					
制造业	**18574**	**4142**	**6688**	**12731**	**10562**
农副食品加工业	524	114	112	319	242
食品制造业	395	177	108	234	172
酒、饮料和精制茶制造业	659	180	189	390	371
烟草制品业	353	127	183	220	208
纺织业	370	205	34	160	203
纺织服装、服饰业					
皮革、毛皮、羽毛及其制品和制鞋业	7	1	4	4	6
木材加工和木、竹、藤、棕、草制品业	189	36	47	81	74
家具制造业	2	1	1	2	1
造纸和纸制品业	117	43	37	56	24
印刷和记录媒介复制业					
文教、工美、体育和娱乐用品制造业	56	16	1	12	35
石油加工、炼焦和核燃料加工业	31	14	13	20	12
化学原料和化学制品制造业	1292	344	408	864	653
医药制造业	1222	498	545	814	628
橡胶和塑料制品业	389	91	85	263	252
非金属矿物制品业	780	129	203	553	367
黑色金属冶炼和压延加工业	1378	123	548	359	839
有色金属冶炼和压延加工业	1437	235	465	892	495
金属制品业	390	76	102	278	162
通用设备制造业	419	75	142	369	219
专用设备制造业	2543	491	1192	2191	1738
汽车制造业	3028	539	1194	2186	2127
铁路、船舶、航空航天和其他运输设备制造业	11	1	5	10	6
电气机械和器材制造业	1223	292	391	1024	576
计算机、通信和其他电子设备制造业	1300	245	535	1077	866
仪器仪表制造业	299	77	102	239	176
其他制造业	12	4	4	4	4
废弃资源综合利用业	28	3	11	4	2
金属制品、机械和设备修理业	120	5	27	106	106
电力、热力、燃气及水生产和供应业	**511**	**107**	**277**	**433**	**445**
电力、热力生产和供应业	507	106	276	430	442
燃气生产和供应业					
水的生产和供应业	4	1	1	3	2

1-C-4 分行业港澳台商投资企业R&D人员情况

行　业	R&D人员合计(人)				R&D人员折合全时当量(人年)
		女性	研究人员	全时人员	
总　计	**1527**	**343**	**473**	**1231**	**883**
采矿业	**3**	**1**	**1**	**3**	**2**
非金属矿采选业	3	1	1	3	2
制造业	**1524**	**342**	**472**	**1228**	**882**
农副食品加工业	98	35	29	84	72
食品制造业	51	31	7	43	30
酒、饮料和精制茶制造业	40	6	8	36	36
纺织业					
纺织服装、服饰业					
皮革、毛皮、羽毛及其制品和制鞋业					
木材加工和木、竹、藤、棕、草制品业					
家具制造业					
造纸和纸制品业					
印刷和记录媒介复制业	72	18	13	26	47
文教、工美、体育和娱乐用品制造业					
石油加工、炼焦和核燃料加工业	34	26	19	28	21
化学原料和化学制品制造业	55	14	6	47	39
医药制造业	10	8	5	9	7
橡胶和塑料制品业					
非金属矿物制品业	140	38	12	126	96
黑色金属冶炼和压延加工业					
有色金属冶炼和压延加工业	47	4	11	15	21
金属制品业					
通用设备制造业	15	2	6	12	12
专用设备制造业	72			62	58
汽车制造业	568	101	240	511	396
电气机械和器材制造业					
计算机、通信和其他电子设备制造业	322	59	116	229	47
仪器仪表制造业					
其他制造业					
废弃资源综合利用业					
电力、热力、燃气及水生产和供应业					
电力、热力生产和供应业					
燃气生产和供应业					
水的生产和供应业					

1-C-5 分行业外商投资企业R&D人员情况

行业	R&D人员合计(人)	女性	研究人员	全时人员	R&D人员折合全时当量(人年)
总　计	**8384**	**1224**	**3144**	**5458**	**5307**
采矿业	**188**	**44**	**83**	**44**	**118**
石油和天然气开采业					
黑色金属矿采选业	188	44	83	44	118
非金属矿采选业					
制造业	**8174**	**1177**	**3051**	**5409**	**5188**
农副食品加工业					
食品制造业	8	4	5	5	8
酒、饮料和精制茶制造业					
纺织服装、服饰业					
皮革、毛皮、羽毛及其制品和制鞋业					
木材加工和木、竹、藤、棕、草制品业					
造纸和纸制品业	172	37	60	155	106
文教、工美、体育和娱乐用品制造业					
石油加工、炼焦和核燃料加工业					
化学原料和化学制品制造业					
医药制造业	5	3	3	4	1
非金属矿物制品业	26	5	5	23	21
黑色金属冶炼和压延加工业	13	1	5	11	12
有色金属冶炼和压延加工业	2		1	2	2
金属制品业					
通用设备制造业	1817	246	724	1204	1166
专用设备制造业	77	13	33	65	47
汽车制造业	6054	868	2215	3940	3825
电气机械和器材制造业					
计算机、通信和其他电子设备制造业					
仪器仪表制造业					
其他制造业					
电力、热力、燃气及水生产和供应业	**22**	**3**	**10**	**5**	**2**
电力、热力生产和供应业					
燃气生产和供应业					
水的生产和供应业	22	3	10	5	2

1-C-6 各地区企业R&D人员情况

地　区	R&D人员合计(人)	女性	研究人员	全时人员	R&D人员折合全时当量(人年)
广西壮族自治区	**29182**	**5847**	**10659**	**19992**	**17228**
南宁市	4358	1188	1675	3213	2288
柳州市	11653	1860	4547	8007	8141
桂林市	3682	886	1408	2859	1766
梧州市	1614	515	351	971	928
北海市	1021	260	407	827	595
防城港市	1064	98	449	324	609
钦州市	792	90	272	627	269
贵港市	439	129	141	256	221
玉林市	2533	381	906	1687	1542
百色市	745	153	185	420	248
贺州市	380	95	62	226	170
河池市	370	53	80	312	175
来宾市	223	51	69	136	92
崇左市	308	88	107	127	184

1-C-7 各地区内资企业R&D人员情况

地　　区	R&D人员合计(人)				R&D人员折合全时当量(人年)
		女性	研究人员	全时人员	
广西壮族自治区	**19271**	**4280**	**7042**	**13303**	**11037**
南宁市	4136	1127	1634	3045	2142
柳州市	5027	891	2090	3550	3930
桂林市	3632	874	1386	2819	1733
梧州市	1374	464	310	766	747
北海市	950	223	382	766	566
防城港市	1064	98	449	324	609
钦州市	447	35	110	332	155
贵港市	417	126	131	251	219
玉林市	595	121	158	419	323
百色市	674	128	183	356	200
贺州市	308	77	49	200	123
河池市	370	53	80	312	175
来宾市	223	51	69	136	92
崇左市	54	12	11	27	22

1-C-8 各地区港澳台商投资企业R&D人员情况

地　区	R&D人员合计(人)	女性	研究人员	全时人员	R&D人员折合全时当量(人年)
广西壮族自治区	**1527**	**343**	**473**	**1231**	**883**
南宁市	155	29	30	112	103
柳州市	568	101	240	511	396
桂林市	22	5	8	20	11
梧州市	240	51	41	205	181
北海市	71	37	25	61	29
防城港市					
钦州市	207	40	105	171	30
贵港市					
玉林市	70	6	2	18	9
百色市	71	25	2	64	48
贺州市	72	18	13	26	47
河池市					
来宾市					
崇左市	51	31	7	43	30

1-C-9 各地区外商投资企业R&D人员情况

地　　区	R&D人员合计(人)	女性	研究人员	全时人员	R&D人员折合全时当量(人年)
广西壮族自治区	**8384**	**1224**	**3144**	**5458**	**5307**
南宁市	67	32	11	56	44
柳州市	6058	868	2217	3946	3815
桂林市	28	7	14	20	21
梧州市					
北海市					
防城港市					
钦州市	138	15	57	124	84
贵港市	22	3	10	5	2
玉林市	1868	254	746	1250	1210
百色市					
贺州市					
河池市					
来宾市					
崇左市	203	45	89	57	132

D. 企业R&D经费支出情况

1-D-1.1 分登记注册类型企业R&D经费内部支出情况

单位：万元

登记注册类型	R&D经费内部支出	日常性支出	#人员劳务费	资产性支出	#仪器和设备	#政府资金	#企业资金
总　计	**891031.10**	**804899.30**	**239534.20**	**86131.80**	**83953.80**	**49653.20**	**819540.80**
内资企业	**568234.50**	**532026.20**	**140775.10**	**36208.30**	**34980.50**	**36784.50**	**509797.10**
国有企业	1761.70	1598.50	779.50	163.20	161.30	376.20	1385.50
集体企业	502.20	436.40	321.70	65.80	65.80		502.20
股份合作企业							
联营企业							
国有联营企业							
集体联营企业							
国有与集体联营企业							
有限责任公司	307242.50	281748.60	79692.60	25493.90	24463.80	18515.50	284941.10
国有独资公司	67303.70	50554.60	17129.60	16749.10	15826.60	7514.90	59482.00
其他有限责任公司	239938.80	231194.00	62563.00	8744.80	8637.20	11000.60	225459.10
股份有限公司	101176.90	98103.00	34290.90	3073.90	2930.40	10983.90	73021.20
私营企业	157551.20	150139.70	25690.40	7411.50	7359.20	6908.90	149947.10
私营独资企业	122.50	122.50	37.00			25.00	97.50
私营合伙企业							
私营有限责任公司	144454.50	138194.00	20832.60	6260.50	6214.80	4497.10	139534.80
私营股份有限公司	12974.20	11823.20	4820.80	1151.00	1144.40	2386.80	10314.80
港、澳、台商投资企业	**29251.60**	**24726.10**	**9312.40**	**4525.50**	**4515.80**	**3563.40**	**25504.00**
合资经营企业	21045.40	18788.70	6358.90	2256.70	2247.90	3512.40	17348.80
合作经营企业							
港、澳、台商独资经营企业	7502.10	5233.30	2915.10	2268.80	2267.90	51.00	7451.10
港、澳、台商投资股份有限公司	704.10	704.10	38.40				704.10
其他港、澳、台投资企业							
外商投资企业	**293545.00**	**248147.00**	**89446.70**	**45398.00**	**44457.50**	**9305.30**	**284239.70**
中外合资经营企业	226329.60	186257.20	68332.30	40072.40	39156.60	6778.60	219551.00
中外合作经营企业							
外资企业	4844.00	4413.70	1098.80	430.30	405.90	576.80	4267.20
外商投资股份有限公司	62371.40	57476.10	20015.60	4895.30	4895.00	1949.90	60421.50
其他外商投资企业							

1-D-1.2 分行业企业R&D经费内部支出情况

单位：万元

行业	R&D经费内部支出	日常性支出	#人员劳务费	资产性支出	#仪器和设备	#政府资金	#企业资金
总计	**891031.10**	**804899.30**	**239534.20**	**86131.80**	**83953.80**	**49653.20**	**819540.80**
采矿业	**7846.60**	**6094.10**	**1051.50**	**1752.50**	**1726.20**	**504.10**	**7242.80**
煤炭开采和洗选业	3909.60	2631.50	245.80	1278.10	1257.70		3909.60
石油和天然气开采业							
黑色金属矿采选业	2528.50	2505.20	244.70	23.30	23.30	368.10	2160.40
有色金属矿采选业	876.90	487.90	367.10	389.00	389.00	121.00	755.90
非金属矿采选业	531.60	469.50	193.90	62.10	56.20	15.00	416.90
其他采矿业							
制造业	**876470.40**	**794279.80**	**238233.00**	**82190.60**	**80038.90**	**48846.80**	**805886.20**
农副食品加工业	15697.60	15089.80	3543.90	607.80	601.70	495.80	14368.30
食品制造业	5656.70	5230.00	1835.10	426.70	405.30	492.70	5093.30
酒、饮料和精制茶制造业	9304.00	8800.10	3012.70	503.90	442.20	226.00	9037.20
烟草制品业	17427.60	17400.00	4559.30	27.60	27.60		17427.10
纺织业	4550.10	3831.10	743.90	719.00	719.00	45.20	4504.90
纺织服装、服饰业							
皮革、毛皮、羽毛及其制品和制鞋业	463.90	459.20	259.70	4.70	4.70		463.90
木材加工和木、竹、藤、棕、草制品业	3762.30	3313.70	654.50	448.60	447.80	131.90	3630.40
家具制造业	34.90	32.00	10.70	2.90	2.90		34.90
造纸和纸制品业	43668.80	10603.10	1281.00	33065.70	33065.70		43668.80
印刷和记录媒介复制业	2086.20	2054.60	606.10	31.60	31.60	67.00	2019.20
文教、工美、体育和娱乐用品制造业	1222.80	1124.60	231.40	98.20	98.20	68.00	1154.80
石油加工、炼焦和核燃料加工业	1291.10	1232.00	383.00	59.10	58.40	20.00	1271.10
化学原料和化学制品制造业	30967.20	27940.80	7193.80	3026.40	3021.50	1579.00	27864.80
医药制造业	18096.30	16932.60	5454.30	1163.70	1162.10	2189.40	15810.90
橡胶和塑料制品业	8510.80	7524.80	1765.20	986.00	975.30	1244.60	7204.30
非金属矿物制品业	18258.70	16566.30	5382.30	1692.40	1651.80	2523.40	15437.00
黑色金属冶炼和压延加工业	117270.40	106161.40	13046.80	11109.00	10208.30	2747.50	114522.90
有色金属冶炼和压延加工业	89819.90	88397.70	8455.80	1422.20	1406.60	3362.00	86374.40
金属制品业	5041.30	5023.70	1604.90	17.60	17.20	50.00	4991.30
通用设备制造业	70890.90	65671.00	23240.20	5219.90	5216.80	2551.70	68131.60
专用设备制造业	78697.20	75362.30	29816.30	3334.90	3193.50	9320.30	53672.40
汽车制造业	264316.20	253377.00	102469.10	10939.20	10015.40	15382.50	247531.30
铁路、船舶、航空航天和其他运输设备制造业	140.00	140.00	44.80				140.00
电气机械和器材制造业	30056.50	27514.70	6927.00	2541.80	2537.80	3679.60	25286.60
计算机、通信和其他电子设备制造业	33617.50	29139.80	14063.70	4477.70	4464.80	2270.20	31217.50
仪器仪表制造业	3464.80	3201.60	1139.80	263.20	261.90	229.30	3235.50
其他制造业	95.50	95.50	43.50			70.70	24.80
废弃资源综合利用业	19.10	18.30	15.60	0.80	0.80		19.10
金属制品、机械和设备修理业	2042.10	2042.10	448.60			100.00	1747.90
电力、热力、燃气及水生产和供应业	**6714.10**	**4525.40**	**249.70**	**2188.70**	**2188.70**	**302.30**	**6411.80**
电力、热力生产和供应业	6244.20	4090.20	137.40	2154.00	2154.00	2.00	6242.20
燃气生产和供应业							
水的生产和供应业	469.90	435.20	112.30	34.70	34.70	300.30	169.60

1-D-1.3 分行业内资企业R&D经费内部支出情况

单位：万元

行　　业	R&D经费内部支出	日常性支出	#人员劳务费	资产性支出	#仪器和设备	#政府资金	#企业资金
总　计	**568234.50**	**532026.20**	**140775.10**	**36208.30**	**34980.50**	**36784.50**	**509797.10**
采矿业	**5096.60**	**3429.50**	**769.70**	**1667.10**	**1646.70**	**136.00**	**4960.60**
煤炭开采和洗选业	3909.60	2631.50	245.80	1278.10	1257.70		3909.60
黑色金属矿采选业							
有色金属矿采选业	876.90	487.90	367.10	389.00	389.00	121.00	755.90
非金属矿采选业	310.10	310.10	156.80			15.00	295.10
其他采矿业							
制造业	**556839.00**	**524451.80**	**139838.40**	**32387.20**	**31179.80**	**36646.20**	**498539.90**
农副食品加工业	12197.00	11707.60	2949.10	489.40	483.30	494.30	10953.70
食品制造业	3950.90	3624.20	1399.30	326.70	305.30	375.30	3504.90
酒、饮料和精制茶制造业	8295.50	8001.90	2655.50	293.60	231.90	226.00	8028.70
烟草制品业	17427.60	17400.00	4559.30	27.60	27.60		17427.10
纺织业	4550.10	3831.10	743.90	719.00	719.00	45.20	4504.90
纺织服装、服饰业							
皮革、毛皮、羽毛及其制品和制鞋业	463.90	459.20	259.70	4.70	4.70		463.90
木材加工和木、竹、藤、棕、草制品业	3762.30	3313.70	654.50	448.60	447.80	131.90	3630.40
家具制造业	34.90	32.00	10.70	2.90	2.90		34.90
造纸和纸制品业	1157.00	1157.00	362.70				1157.00
印刷和记录媒介复制业							
文教、工美、体育和娱乐用品制造业	1222.80	1124.60	231.40	98.20	98.20	68.00	1154.80
石油加工、炼焦和核燃料加工业	940.20	901.70	239.50	38.50	38.40	20.00	920.20
化学原料和化学制品制造业	29903.40	26877.00	6938.80	3026.40	3021.50	1579.00	26801.00
医药制造业	17873.70	16734.30	5382.90	1139.40	1137.80	1966.80	15810.90
橡胶和塑料制品业	8510.80	7524.80	1765.20	986.00	975.30	1244.60	7204.30
非金属矿物制品业	14314.50	12998.00	4099.80	1316.50	1300.10	2523.40	11492.80
黑色金属冶炼和压延加工业	116927.30	105818.30	12892.90	11109.00	10208.30	2747.50	114179.80
有色金属冶炼和压延加工业	88697.50	87324.60	8085.10	1372.90	1357.70	3335.20	85278.80
金属制品业	5041.30	5023.70	1604.90	17.60	17.20	50.00	4991.30
通用设备制造业	8003.20	7687.60	2904.90	315.60	312.80	601.80	7193.80
专用设备制造业	77120.10	73824.30	28967.60	3295.80	3154.90	9265.10	52150.50
汽车制造业	73139.00	70389.50	32771.00	2749.50	2741.30	5673.30	66063.30
铁路、船舶、航空航天和其他运输设备制造业	140.00	140.00	44.80				140.00
电气机械和器材制造业	30056.50	27514.70	6927.00	2541.80	2537.80	3679.60	25286.60
计算机、通信和其他电子设备制造业	27488.00	25684.50	11740.40	1803.50	1793.30	2219.20	25139.00
仪器仪表制造业	3464.80	3201.60	1139.80	263.20	261.90	229.30	3235.50
其他制造业	95.50	95.50	43.50			70.70	24.80
废弃资源综合利用业	19.10	18.30	15.60	0.80	0.80		19.10
金属制品、机械和设备修理业	2042.10	2042.10	448.60			100.00	1747.90
电力、热力、燃气及水生产和供应业	**6298.90**	**4144.90**	**167.00**	**2154.00**	**2154.00**	**2.30**	**6296.60**
电力、热力生产和供应业	6244.20	4090.20	137.40	2154.00	2154.00	2.00	6242.20
燃气生产和供应业							
水的生产和供应业	54.70	54.70	29.60			0.30	54.40

1-D-1.4 分行业港澳台商投资企业R&D经费内部支出情况

单位：万元

行业	R&D经费内部支出	日常性支出	#人员劳务费	资产性支出	#仪器和设备	#政府资金	#企业资金
总计	**29251.60**	**24726.10**	**9312.40**	**4525.50**	**4515.80**	**3563.40**	**25504.00**
采矿业	**221.50**	**159.40**	**37.10**	**62.10**	**56.20**		**121.80**
非金属矿采选业	221.50	159.40	37.10	62.10	56.20		121.80
制造业	**29030.10**	**24566.70**	**9275.30**	**4463.40**	**4459.60**	**3563.40**	**25382.20**
农副食品加工业	3500.60	3382.20	594.80	118.40	118.40	1.50	3414.60
食品制造业	1071.60	1071.60	252.40				1071.60
酒、饮料和精制茶制造业	1008.50	798.20	357.20	210.30	210.30		1008.50
纺织业							
纺织服装、服饰业							
皮革、毛皮、羽毛及其制品和制鞋业							
木材加工和木、竹、藤、棕、草制品业							
家具制造业							
造纸和纸制品业							
印刷和记录媒介复制业	2086.20	2054.60	606.10	31.60	31.60	67.00	2019.20
文教、工美、体育和娱乐用品制造业							
石油加工、炼焦和核燃料加工业	350.90	330.30	143.50	20.60	20.00		350.90
化学原料和化学制品制造业	1063.80	1063.80	255.00				1063.80
医药制造业	53.90	53.90	14.80			53.90	
橡胶和塑料制品业							
非金属矿物制品业	3143.00	3110.50	1018.00	32.50	32.40		3143.00
黑色金属冶炼和压延加工业							
有色金属冶炼和压延加工业	1095.60	1046.70	369.70	48.90	48.50		1095.60
金属制品业							
通用设备制造业	86.60	86.10	63.70	0.50	0.50		86.60
专用设备制造业	379.50	379.50	176.80				379.50
汽车制造业	9060.40	7734.00	3100.00	1326.40	1326.40	3390.00	5670.40
电气机械和器材制造业							
计算机、通信和其他电子设备制造业	6129.50	3455.30	2323.30	2674.20	2671.50	51.00	6078.50
仪器仪表制造业							
其他制造业							
废弃资源综合利用业							
电力、热力、燃气及水生产和供应业							
电力、热力生产和供应业							
燃气生产和供应业							
水的生产和供应业							

1-D-1.5 分行业外商投资企业R&D经费内部支出情况

单位：万元

行业	R&D经费内部支出	日常性支出	#人员劳务费	资产性支出	#仪器和设备	#政府资金	#企业资金
总计	**293545.00**	**248147.00**	**89446.70**	**45398.00**	**44457.50**	**9305.30**	**284239.70**
采矿业	**2528.50**	**2505.20**	**244.70**	**23.30**	**23.30**	**368.10**	**2160.40**
石油和天然气开采业							
黑色金属矿采选业	2528.50	2505.20	244.70	23.30	23.30	368.10	2160.40
非金属矿采选业							
制造业	**290601.30**	**245261.30**	**89119.30**	**45340.00**	**44399.50**	**8637.20**	**281964.10**
农副食品加工业							
食品制造业	634.20	534.20	183.40	100.00	100.00	117.40	516.80
酒、饮料和精制茶制造业							
纺织服装、服饰业							
皮革、毛皮、羽毛及其制品和制鞋业							
木材加工和木、竹、藤、棕、草制品业							
造纸和纸制品业	42511.80	9446.10	918.30	33065.70	33065.70		42511.80
文教、工美、体育和娱乐用品制造业							
石油加工、炼焦和核燃料加工业							
化学原料和化学制品制造业							
医药制造业	168.70	144.40	56.60	24.30	24.30	168.70	
非金属矿物制品业	801.20	457.80	264.50	343.40	319.30		801.20
黑色金属冶炼和压延加工业	343.10	343.10	153.90				343.10
有色金属冶炼和压延加工业	26.80	26.40	1.00	0.40	0.40	26.80	
金属制品业							
通用设备制造业	62801.10	57897.30	20271.60	4903.80	4903.50	1949.90	60851.20
专用设备制造业	1197.60	1158.50	671.90	39.10	38.60	55.20	1142.40
汽车制造业	182116.80	175253.50	66598.10	6863.30	5947.70	6319.20	175797.60
电气机械和器材制造业							
计算机、通信和其他电子设备制造业							
仪器仪表制造业							
其他制造业							
电力、热力、燃气及水生产和供应业	**415.20**	**380.50**	**82.70**	**34.70**	**34.70**	**300.00**	**115.20**
电力、热力生产和供应业							
燃气生产和供应业							
水的生产和供应业	415.20	380.50	82.70	34.70	34.70	300.00	115.20

1-D-1.6 各地区企业R&D经费内部支出情况

单位：万元

地　区	R&D经费内部支出	日常性支出	#人员劳务费	资产性支出	#仪器和设备	#政府资金	#企业资金
广西壮族自治区	**891031.10**	**804899.30**	**239534.20**	**86131.80**	**83953.80**	**49653.20**	**819540.80**
南宁市	118130.20	111822.90	23349.50	6307.30	6260.90	7983.50	109428.10
柳州市	362760.40	339159.30	135311.30	23601.10	21624.10	21551.40	323761.40
桂林市	71088.00	65395.20	21141.50	5692.80	5651.70	11819.60	58713.10
梧州市	26046.60	24504.20	5616.30	1542.40	1537.50	693.50	25248.40
北海市	34853.40	32184.70	8700.40	2668.70	2667.50	1735.50	31656.10
防城港市	72790.70	72746.30	2832.50	44.40	40.10	261.80	72528.90
钦州市	56560.40	19907.70	4509.30	36652.70	36652.70	90.10	55219.50
贵港市	6797.40	6758.90	2744.50	38.50	38.50	489.00	6308.40
玉林市	72897.50	66964.50	23262.10	5933.00	5865.90	2165.10	70659.40
百色市	22113.70	20816.20	5469.50	1297.50	1276.40	411.10	21702.60
贺州市	6694.00	5916.00	1522.10	778.00	777.30	1022.70	5539.80
河池市	31800.20	31208.40	3081.80	591.80	581.70	568.50	31231.70
来宾市	3774.10	3078.10	1227.90	696.00	695.90	356.00	3418.10
崇左市	4724.50	4436.90	765.50	287.60	283.60	505.40	4125.30

1-D-1.7 各地区内资企业R&D经费内部支出情况

单位：万元

地　区	R&D经费内部支出	日常性支出	#人员劳务费	资产性支出	#仪器和设备	#政府资金	#企业资金
广西壮族自治区	**568234.50**	**532026.20**	**140775.10**	**36208.30**	**34980.50**	**36784.50**	**509797.10**
南宁市	113575.10	107594.90	21882.70	5980.20	5947.80	7735.90	105120.60
柳州市	171749.50	156172.20	65420.40	15577.30	14515.90	11842.20	142459.70
桂林市	69019.60	64002.40	20693.00	5017.20	4994.40	11702.20	56861.80
梧州市	21016.10	19592.60	4526.00	1423.50	1418.60	692.00	20303.90
北海市	33507.30	31290.40	8238.50	2216.90	2216.50	1735.50	30310.00
防城港市	72790.70	72746.30	2832.50	44.40	40.10	261.80	72528.90
钦州市	9581.20	8155.60	1772.60	1425.60	1425.60	39.10	8291.30
贵港市	6382.20	6378.40	2661.80	3.80	3.80	189.00	6193.20
玉林市	9384.60	8460.80	2612.10	923.80	858.20	185.00	9126.60
百色市	20291.60	18994.10	4796.30	1297.50	1276.40	411.10	19880.50
贺州市	4607.80	3861.40	916.00	746.40	745.70	955.70	3520.60
河池市	31800.20	31208.40	3081.80	591.80	581.70	568.50	31231.70
来宾市	3774.10	3078.10	1227.90	696.00	695.90	356.00	3418.10
崇左市	754.50	490.60	113.50	263.90	259.90	110.50	550.20

1-D-1.8 各地区港澳台商投资企业R&D经费内部支出情况

单位：万元

地　区	R&D经费内部支出	日常性支出	#人员劳务费	资产性支出	#仪器和设备	#政府资金	#企业资金
广西壮族自治区	**29251.60**	**24726.10**	**9312.40**	**4525.50**	**4515.80**	**3563.40**	**25504.00**
南宁市	3293.30	3027.30	992.40	266.00	263.80	53.90	3239.40
柳州市	9060.40	7734.00	3100.00	1326.40	1326.40	3390.00	5670.40
桂林市	431.30	336.70	142.60	94.60	88.60		331.60
梧州市	5030.50	4911.60	1090.30	118.90	118.90	1.50	4944.50
北海市	1346.10	894.30	461.90	451.80	451.00		1346.10
防城港市							
钦州市	4867.40	2706.00	1913.40	2161.40	2161.40	51.00	4816.40
贵港市							
玉林市	242.70	167.90	80.10	74.80	74.10		242.70
百色市	1822.10	1822.10	673.20				1822.10
贺州市	2086.20	2054.60	606.10	31.60	31.60	67.00	2019.20
河池市							
来宾市							
崇左市	1071.60	1071.60	252.40				1071.60

1-D-1.9 各地区外商投资企业R&D经费内部支出情况

单位：万元

地　　区	R&D经费内部支出	日常性支出	#人员劳务费	资产性支出	#仪器和设备	#政府资金	#企业资金
广西壮族自治区	**293545.00**	**248147.00**	**89446.70**	**45398.00**	**44457.50**	**9305.30**	**284239.70**
南宁市	1261.80	1200.70	474.40	61.10	49.30	193.70	1068.10
柳州市	181950.50	175253.10	66790.90	6697.40	5781.80	6319.20	175631.30
桂林市	1637.10	1056.10	305.90	581.00	568.70	117.40	1519.70
梧州市							
北海市							
防城港市							
钦州市	42111.80	9046.10	823.30	33065.70	33065.70		42111.80
贵港市	415.20	380.50	82.70	34.70	34.70	300.00	115.20
玉林市	63270.20	58335.80	20569.90	4934.40	4933.60	1980.10	61290.10
百色市							
贺州市							
河池市							
来宾市							
崇左市	2898.40	2874.70	399.60	23.70	23.70	394.90	2503.50

1-D-2.1 分登记注册类型企业R&D经费外部支出情况

单位：万元

登记注册类型	R&D经费外部支出	#对境内研究机构支出	#对境内高等学校支出
总　计	**46292.20**	**17972.90**	**4068.00**
内资企业	**27435.90**	**7453.20**	**3001.10**
国有企业	45.60	18.70	26.90
集体企业			
股份合作企业			
联营企业			
集体联营企业			
国有与集体联营企业			
有限责任公司	16766.70	1707.50	2255.10
国有独资公司	4142.40	570.60	770.60
其他有限责任公司	12624.30	1136.90	1484.50
股份有限公司	9332.30	5500.20	507.80
私营企业	1291.30	226.80	211.30
私营独资企业	5.10		5.10
私营合伙企业			
私营有限责任公司	1080.20	194.60	141.00
私营股份有限公司	206.00	32.20	65.20
港、澳、台商投资企业	**292.40**	**154.10**	**13.30**
合资经营企业	260.90	125.90	10.00
合作经营企业			
港、澳、台商独资经营企业	31.50	28.20	3.30
港、澳、台商投资股份有限公司			
其他港、澳、台投资企业			
外商投资企业	**18563.90**	**10365.60**	**1053.60**
中外合资经营企业	7425.30	3667.80	934.80
中外合作经营企业			
外资企业	208.40	45.40	118.80
外商投资股份有限公司	10930.20	6652.40	
其他外商投资企业			

1-D-2.2 分行业企业R&D经费外部支出情况

单位：万元

行　　业	R&D经费外部支出	#对境内研究机构支出	#对境内高等学校支出
总　计	**46292.20**	**17972.90**	**4068.00**
采矿业	**271.20**	**70.30**	**153.40**
煤炭开采和洗选业	13.80		13.80
石油和天然气开采业			
黑色金属矿采选业	155.50	38.90	116.60
有色金属矿采选业	56.80	31.40	23.00
非金属矿采选业	45.10		
其他采矿业			
制造业	**42502.30**	**17376.90**	**3304.60**
农副食品加工业	109.00	104.40	4.60
食品制造业	102.40		63.20
酒、饮料和精制茶制造业	28.00	14.90	13.10
烟草制品业	1587.00	265.20	988.50
纺织业	13.00	8.00	2.50
纺织服装、服饰业			
皮革、毛皮、羽毛及其制品和制鞋业			
木材加工和木、竹、藤、棕、草制品业	24.40	21.00	3.40
家具制造业			
造纸和纸制品业	990.10		
印刷和记录媒介复制业			
文教、工美、体育和娱乐用品制造业			
石油加工、炼焦和核燃料加工业			
化学原料和化学制品制造业	542.30	179.60	273.10
医药制造业	7631.00	5357.70	132.00
橡胶和塑料制品业	6.30		6.30
非金属矿物制品业	137.80	82.50	24.30
黑色金属冶炼和压延加工业			
有色金属冶炼和压延加工业	358.00	53.90	224.00
金属制品业	7.20		
通用设备制造业	12438.40	6762.90	
专用设备制造业	1418.80	273.00	365.60
汽车制造业	16162.10	3834.10	1162.10
铁路、船舶、航空航天和其他运输设备制造业			
电气机械和器材制造业	394.40	376.50	17.90
计算机、通信和其他电子设备制造业	122.90	43.20	3.30
仪器仪表制造业	260.10		20.70
其他制造业	169.10		
废弃资源综合利用业			
金属制品、机械和设备修理业			
电力、热力、燃气及水生产和供应业	**3518.70**	**525.70**	**610.00**
电力、热力生产和供应业	3518.70	525.70	610.00
燃气生产和供应业			
水的生产和供应业			

1-D-2.3 分行业内资企业R&D经费外部支出情况

单位：万元

行业	R&D经费外部支出	#对境内研究机构支出	#对境内高等学校支出
总计	**27435.90**	**7453.20**	**3001.10**
采矿业	**70.60**	**31.40**	**36.80**
煤炭开采和洗选业	13.80		13.80
黑色金属矿采选业			
有色金属矿采选业	56.80	31.40	23.00
非金属矿采选业			
其他采矿业			
制造业	**23846.60**	**6896.10**	**2354.30**
农副食品加工业	10.30	5.70	4.60
食品制造业	63.20		63.20
酒、饮料和精制茶制造业	28.00	14.90	13.10
烟草制品业	1587.00	265.20	988.50
纺织业	13.00	8.00	2.50
纺织服装、服饰业			
皮革、毛皮、羽毛及其制品和制鞋业			
木材加工和木、竹、藤、棕、草制品业	24.40	21.00	3.40
家具制造业			
造纸和纸制品业			
印刷和记录媒介复制业			
文教、工美、体育和娱乐用品制造业			
石油加工、炼焦和核燃料加工业			
化学原料和化学制品制造业	542.30	179.60	273.10
医药制造业	7554.20	5327.30	129.80
橡胶和塑料制品业	6.30		6.30
非金属矿物制品业	137.80	82.50	24.30
黑色金属冶炼和压延加工业			
有色金属冶炼和压延加工业	329.70	50.60	221.90
金属制品业	7.20		
通用设备制造业	1508.20	110.50	
专用设备制造业	1410.00	273.00	356.80
汽车制造业	9710.00	166.30	228.20
铁路、船舶、航空航天和其他运输设备制造业			
电气机械和器材制造业	394.40	376.50	17.90
计算机、通信和其他电子设备制造业	91.40	15.00	
仪器仪表制造业	260.10		20.70
其他制造业	169.10		
废弃资源综合利用业			
金属制品、机械和设备修理业			
电力、热力、燃气及水生产和供应业	**3518.70**	**525.70**	**610.00**
电力、热力生产和供应业	3518.70	525.70	610.00
燃气生产和供应业			
水的生产和供应业			

1-D-2.4 分行业港澳台商投资企业R&D经费外部支出情况

单位：万元

行　业	R&D经费外部支出	#对境内研究机构支出	#对境内高等学校支出
总　计	**292.40**	**154.10**	**13.30**
采矿业	**45.10**		
非金属矿采选业	45.10		
制造业	**247.30**	**154.10**	**13.30**
农副食品加工业	98.70	98.70	
食品制造业			
酒、饮料和精制茶制造业			
纺织业			
纺织服装、服饰业			
皮革、毛皮、羽毛及其制品和制鞋业			
木材加工和木、竹、藤、棕、草制品业			
家具制造业			
造纸和纸制品业			
印刷和记录媒介复制业			
文教、工美、体育和娱乐用品制造业			
石油加工、炼焦和核燃料加工业			
化学原料和化学制品制造业			
医药制造业	23.90	23.90	
橡胶和塑料制品业			
非金属矿物制品业			
黑色金属冶炼和压延加工业			
有色金属冶炼和压延加工业	28.30	3.30	2.10
金属制品业			
通用设备制造业			
专用设备制造业			
汽车制造业	64.90		7.90
电气机械和器材制造业			
计算机、通信和其他电子设备制造业	31.50	28.20	3.30
仪器仪表制造业			
其他制造业			
废弃资源综合利用业			
电力、热力、燃气及水生产和供应业			
电力、热力生产和供应业			
燃气生产和供应业			
水的生产和供应业			

1-D-2.5 分行业外商投资企业R&D经费外部支出情况

单位：万元

行业	R&D经费外部支出	#对境内研究机构支出	#对境内高等学校支出
总　计	**18563.90**	**10365.60**	**1053.60**
采矿业	**155.50**	**38.90**	**116.60**
石油和天然气开采业			
黑色金属矿采选业	155.50	38.90	116.60
非金属矿采选业			
制造业	**18408.40**	**10326.70**	**937.00**
农副食品加工业			
食品制造业	39.20		
酒、饮料和精制茶制造业			
纺织服装、服饰业			
皮革、毛皮、羽毛及其制品和制鞋业			
木材加工和木、竹、藤、棕、草制品业			
造纸和纸制品业	990.10		
文教、工美、体育和娱乐用品制造业			
石油加工、炼焦和核燃料加工业			
化学原料和化学制品制造业			
医药制造业	52.90	6.50	2.20
非金属矿物制品业			
黑色金属冶炼和压延加工业			
有色金属冶炼和压延加工业			
金属制品业			
通用设备制造业	10930.20	6652.40	
专用设备制造业	8.80		8.80
汽车制造业	6387.20	3667.80	926.00
电气机械和器材制造业			
计算机、通信和其他电子设备制造业			
仪器仪表制造业			
其他制造业			
电力、热力、燃气及水生产和供应业			
电力、热力生产和供应业			
燃气生产和供应业			
水的生产和供应业			

1-D-2.6 各地区企业R&D经费外部支出情况

单位：万元

地　　区	R&D经费外部支出	#对境内研究机构支出	#对境内高等学校支出
广西壮族自治区	**18563.90**	**10365.60**	**1053.60**
南宁市	61.70	6.50	11.00
柳州市	6387.20	3667.80	926.00
桂林市	39.20		
梧州市			
北海市			
防城港市			
钦州市	990.10		
贵港市			
玉林市	10930.20	6652.40	
百色市			
贺州市			
河池市			
来宾市			
崇左市	155.50	38.90	116.60

1-D-2.7 各地区内资企业R&D经费外部支出情况

单位：万元

地 区	R&D经费外部支出	#对境内研究机构支出	#对境内高等学校支出
广西壮族自治区	**27435.90**	**7453.20**	**3001.10**
南宁市	6121.90	1196.00	1983.00
柳州市	10901.40	376.00	355.60
桂林市	7297.50	5119.50	270.60
梧州市	703.70	458.40	18.50
北海市	109.80	60.00	39.80
防城港市	14.00	5.70	8.30
钦州市	7.50		
贵港市			
玉林市	1815.60	101.70	9.60
百色市	213.10	31.90	173.20
贺州市	42.10		42.10
河池市	33.20	12.70	18.10
来宾市	154.10	69.30	82.30
崇左市	22.00	22.00	

1-D-2.8 各地区港澳台商投资企业R&D经费外部支出情况

单位：万元

地　区	R&D经费外部支出	#对境内研究机构支出	#对境内高等学校支出
广西壮族自治区	**292.40**	**154.10**	**13.30**
南宁市	52.20	27.20	2.10
柳州市	64.90		7.90
桂林市	45.10		
梧州市	98.70	98.70	
北海市			
防城港市			
钦州市	31.50	28.20	3.30
贵港市			
玉林市			
百色市			
贺州市			
河池市			
来宾市			
崇左市			

1-D-2.9 各地区外商投资企业R&D经费外部支出情况

单位：万元

地　　区	R&D经费外部支出	#对境内研究机构支出	#对境内高等学校支出
广西壮族自治区	**18563.90**	**10365.60**	**1053.60**
南宁市	61.70	6.50	11.00
柳州市	6387.20	3667.80	926.00
桂林市	39.20		
梧州市			
北海市			
防城港市			
钦州市	990.10		
贵港市			
玉林市	10930.20	6652.40	
百色市			
贺州市			
河池市			
来宾市			
崇左市	155.50	38.90	116.60

E. 企业R&D项目情况

1-E-1 分登记注册类型企业全部R&D项目情况

登记注册类型	项目数（项）	参加项目人员（人）	项目人员折合全时当量（人年）	项目经费内部支出（万元）
总　计	**2884**	**26959**	**15936**	**835709.90**
内资企业	**2437**	**17525**	**10032**	**516101.80**
国有企业	29	116	56	1160.70
集体企业	6	54	13	501.60
股份合作企业				
联营企业				
集体联营企业				
国有与集体联营企业				
有限责任公司	1372	8983	5020	268794.90
国有独资公司	388	1946	1219	57845.90
其他有限责任公司	984	7037	3801	210949.00
股份有限公司	412	3665	2288	96642.40
私营企业	618	4707	2655	149002.20
私营独资企业	1	5	3	66.10
私营合伙企业				
私营有限责任公司	463	3941	2302	137102.80
私营股份有限公司	154	761	350	11833.30
港、澳、台商投资企业	**166**	**1387**	**810**	**28085.30**
合资经营企业	119	975	651	20272.80
合作经营企业				
港、澳、台商独资经营企业	37	385	142	7108.40
港、澳、台商投资股份有限公司	10	27	18	704.10
其他港、澳、台投资企业				
外商投资企业	**281**	**8047**	**5094**	**291522.80**
中外合资经营企业	95	6099	3846	224627.20
中外合作经营企业				
外资企业	21	276	167	4594.00
外商投资股份有限公司	165	1672	1081	62301.60
其他外商投资企业				

1-E-2 分行业企业全部R&D项目情况

行业	项目数（项）	参加项目人员（人）	项目人员折合全时当量（人年）	项目经费内部支出（万元）
总计	**2884**	**26959**	**15936**	**835709.90**
采矿业	**23**	**341**	**145**	**7542.00**
煤炭开采和洗选业	4	54	2	3889.20
石油和天然气开采业				
黑色金属矿采选业	10	183	114	2528.30
有色金属矿采选业	7	76	6	876.90
非金属矿采选业	2	28	22	247.60
其他采矿业				
制造业	**2712**	**26133**	**15386**	**821704.30**
农副食品加工业	77	564	284	15488.50
食品制造业	75	417	193	4715.20
酒、饮料和精制茶制造业	44	620	376	8839.60
烟草制品业	117	335	197	11811.30
纺织业	26	358	195	3979.90
纺织服装、服饰业				
皮革、毛皮、羽毛及其制品和制鞋业	1	6	5	463.90
木材加工和木、竹、藤、棕、草制品业	25	179	70	3754.40
家具制造业	1	2	1	34.90
造纸和纸制品业	24	276	125	43589.30
印刷和记录媒介复制业	7	70	45	2086.20
文教、工美、体育和娱乐用品制造业	13	53	35	1222.60
石油加工、炼焦和核燃料加工业	13	57	29	1163.20
化学原料和化学制品制造业	194	1193	616	26420.70
医药制造业	199	1091	553	14848.00
橡胶和塑料制品业	77	360	238	8498.30
非金属矿物制品业	146	843	425	16837.00
黑色金属冶炼和压延加工业	44	1346	823	108664.50
有色金属冶炼和压延加工业	206	1410	492	76170.70
金属制品业	38	326	138	4956.40
通用设备制造业	239	2082	1290	69666.60
专用设备制造业	353	2435	1680	75552.50
汽车制造业	395	9072	5922	261050.90
铁路、船舶、航空航天和其他运输设备制造业	5	10	6	140.00
电气机械和器材制造业	152	1128	528	25869.10
计算机、通信和其他电子设备制造业	155	1469	848	30356.30
仪器仪表制造业	69	280	166	3367.60
其他制造业	6	12	4	95.50
废弃资源综合利用业	1	25	2	19.10
金属制品、机械和设备修理业	10	114	100	2042.10
电力、热力、燃气及水生产和供应业	**149**	**485**	**405**	**6463.60**
电力、热力生产和供应业	146	463	402	6046.10
燃气生产和供应业				
水的生产和供应业	3	22	3	417.50

1-E-3 分行业内资企业全部R&D项目情况

行　业	项目数（项）	参加项目人员（人）	项目人员折合全时当量（人年）	项目经费内部支出（万元）
总　计	**2437**	**17525**	**10032**	**516101.80**
采矿业	**12**	**155**	**29**	**4798.10**
煤炭开采和洗选业	4	54	2	3889.20
黑色金属矿采选业				
有色金属矿采选业	7	76	6	876.90
非金属矿采选业	1	25	20	32.00
其他采矿业				
制造业	**2277**	**16904**	**9600**	**505255.30**
农副食品加工业	71	478	221	11987.90
食品制造业	67	360	157	3009.40
酒、饮料和精制茶制造业	40	586	346	7831.20
烟草制品业	117	335	197	11811.30
纺织业	26	358	195	3979.90
纺织服装、服饰业				
皮革、毛皮、羽毛及其制品和制鞋业	1	6	5	463.90
木材加工和木、竹、藤、棕、草制品业	25	179	70	3754.40
家具制造业	1	2	1	34.90
造纸和纸制品业	11	108	22	1077.40
印刷和记录媒介复制业				
文教、工美、体育和娱乐用品制造业	13	53	35	1222.60
石油加工、炼焦和核燃料加工业	10	29	11	930.30
化学原料和化学制品制造业	179	1141	579	25356.90
医药制造业	191	1077	546	14762.50
橡胶和塑料制品业	77	360	238	8498.30
非金属矿物制品业	127	701	325	13240.70
黑色金属冶炼和压延加工业	42	1337	815	108321.40
有色金属冶炼和压延加工业	201	1362	469	75048.90
金属制品业	38	326	138	4956.40
通用设备制造业	63	380	196	6849.80
专用设备制造业	326	2294	1579	73993.10
汽车制造业	279	2667	1841	72244.00
铁路、船舶、航空航天和其他运输设备制造业	5	10	6	140.00
电气机械和器材制造业	152	1128	528	25869.10
计算机、通信和其他电子设备制造业	129	1196	809	24346.70
仪器仪表制造业	69	280	166	3367.60
其他制造业	6	12	4	95.50
废弃资源综合利用业	1	25	2	19.10
金属制品、机械和设备修理业	10	114	100	2042.10
电力、热力、燃气及水生产和供应业	**148**	**466**	**403**	**6048.40**
电力、热力生产和供应业	146	463	402	6046.10
燃气生产和供应业				
水的生产和供应业	2	3	2	2.30

1-E-4 分行业港澳台商投资企业全部R&D项目情况

行业	项目数（项）	参加项目人员（人）	项目人员折合全时当量（人年）	项目经费内部支出（万元）
总计	**166**	**1387**	**810**	**28085.30**
采矿业	**1**	**3**	**2**	**215.60**
非金属矿采选业	1	3	2	215.60
制造业	**165**	**1384**	**809**	**27869.70**
农副食品加工业	6	86	63	3500.60
食品制造业	5	50	29	1071.60
酒、饮料和精制茶制造业	4	34	30	1008.40
纺织业				
纺织服装、服饰业				
皮革、毛皮、羽毛及其制品和制鞋业				
木材加工和木、竹、藤、棕、草制品业				
家具制造业				
造纸和纸制品业				
印刷和记录媒介复制业	7	70	45	2086.20
文教、工美、体育和娱乐用品制造业				
石油加工、炼焦和核燃料加工业	3	28	18	232.90
化学原料和化学制品制造业	15	52	37	1063.80
医药制造业	7	10	7	53.90
橡胶和塑料制品业				
非金属矿物制品业	17	119	80	2855.90
黑色金属冶炼和压延加工业				
有色金属冶炼和压延加工业	3	46	21	1095.20
金属制品业				
通用设备制造业	8	14	11	85.50
专用设备制造业	6	71	58	379.50
汽车制造业	58	531	370	8426.60
电气机械和器材制造业				
计算机、通信和其他电子设备制造业	26	273	39	6009.60
仪器仪表制造业				
其他制造业				
废弃资源综合利用业				
电力、热力、燃气及水生产和供应业				
电力、热力生产和供应业				
燃气生产和供应业				
水的生产和供应业				

1-E-5 分行业外商投资企业全部R&D项目情况

行　业	项目数（项）	参加项目人员（人）	项目人员折合全时当量（人年）	项目经费内部支出（万元）
总　计	**281**	**8047**	**5094**	**291522.80**
采矿业	**10**	**183**	**114**	**2528.30**
石油和天然气开采业				
黑色金属矿采选业	10	183	114	2528.30
非金属矿采选业				
制造业	**270**	**7845**	**4978**	**288579.30**
农副食品加工业				
食品制造业	3	7	7	634.20
酒、饮料和精制茶制造业				
纺织服装、服饰业				
皮革、毛皮、羽毛及其制品和制鞋业				
木材加工和木、竹、藤、棕、草制品业				
造纸和纸制品业	13	168	104	42511.90
文教、工美、体育和娱乐用品制造业				
石油加工、炼焦和核燃料加工业				
化学原料和化学制品制造业				
医药制造业	1	4	1	31.60
非金属矿物制品业	2	23	20	740.40
黑色金属冶炼和压延加工业	2	9	9	343.10
有色金属冶炼和压延加工业	2	2	2	26.60
金属制品业				
通用设备制造业	168	1688	1083	62731.30
专用设备制造业	21	70	43	1179.90
汽车制造业	58	5874	3711	180380.30
电气机械和器材制造业				
计算机、通信和其他电子设备制造业				
仪器仪表制造业				
其他制造业				
电力、热力、燃气及水生产和供应业	**1**	**19**	**2**	**415.20**
电力、热力生产和供应业				
燃气生产和供应业				
水的生产和供应业	1	19	2	415.20

1-E-6 各地区企业全部R&D项目情况

地　区	项目数（项）	参加项目人　员（人）	项目人员折合全时当量（人年）	项目经费内部支出（万元）
广西壮族自治区	**2884**	**26959**	**15936**	**835709.90**
南宁市	900	4052	2121	104084.90
柳州市	626	10920	7599	349613.80
桂林市	486	3354	1583	63054.80
梧州市	211	1402	810	25008.60
北海市	117	904	526	33334.30
防城港市	13	1036	594	72210.10
钦州市	72	704	250	56264.30
贵港市	43	400	205	6746.30
玉林市	226	2299	1428	71847.80
百色市	61	695	230	21842.50
贺州市	43	359	163	6596.30
河池市	20	342	172	17189.00
来宾市	39	197	82	3212.90
崇左市	27	295	175	4704.30

1-E-7 各地区内资企业全部R&D项目情况

地　区	项目数（项）	参加项目人　员（人）	项目人员折合全时当量（人年）	项目经费内部支出（万元）
广西壮族自治区	**2437**	**17525**	**10032**	**516101.80**
南宁市	879	3859	1996	99996.50
柳州市	508	4511	3526	160772.60
桂林市	471	3309	1553	61242.00
梧州市	176	1179	641	19979.20
北海市	94	844	501	32212.20
防城港市	13	1036	594	72210.10
钦州市	56	383	142	9285.00
贵港市	42	381	203	6331.10
玉林市	40	515	298	8406.00
百色市	55	629	186	20020.40
贺州市	36	289	118	4510.10
河池市	20	342	172	17189.00
来宾市	39	197	82	3212.90
崇左市	8	51	21	734.70

1-E-8 各地区港澳台商投资企业全部R&D项目情况

地　　区	项目数（项）	参加项目人　　员（人）	项目人员折合全时当量（人年）	项目经费内部支出（万元）
广西壮族自治区	**166**	**1387**	**810**	**28085.30**
南宁市	17	133	85	2992.60
柳州市	58	531	370	8426.60
桂林市	10	21	11	425.30
梧州市	35	223	169	5029.40
北海市	23	60	25	1122.10
防城港市				
钦州市	4	183	25	4867.40
贵港市				
玉林市	1	50	7	242.00
百色市	6	66	44	1822.10
贺州市	7	70	45	2086.20
河池市				
来宾市				
崇左市	5	50	29	1071.60

1-E-9 各地区外商投资企业全部R&D项目情况

地　　区	项目数（项）	参加项目人　　员（人）	项目人员折合全时当量（人年）	项目经费内部支出（万元）
广西壮族自治区	**281**	**8047**	**5094**	**291522.80**
南宁市	4	60	40	1095.80
柳州市	60	5878	3703	180414.60
桂林市	5	24	19	1387.50
梧州市				
北海市				
防城港市				
钦州市	12	138	84	42111.90
贵港市	1	19	2	415.20
玉林市	185	1734	1123	63199.80
百色市				
贺州市				
河池市				
来宾市				
崇左市	14	194	125	2898.00

F. 企业办研发机构情况

1-F-1 分登记注册类型企业办研发机构情况

登记注册类型	机构数（个）	机构人员数（人）	#博士	#硕士	机构经费支出（万元）	仪器和设备原价（万元）
总　计	**271**	**15323**	**218**	**1784**	**511756.10**	**560780.70**
内资企业	**238**	**10331**	**155**	**1151**	**318657.60**	**450220.00**
国有企业	8	117	3	28	1135.20	2045.20
集体企业	2	42		2	416.90	333.70
股份合作企业	1	11			86.70	229.30
联营企业						
集体联营企业						
国有与集体联营企业						
有限责任公司	100	4527	74	558	200687.10	189830.90
国有独资公司	12	1091	24	177	22644.50	67966.10
其他有限责任公司	88	3436	50	381	178042.60	121864.80
股份有限公司	41	3262	51	417	71329.20	225533.50
私营企业	86	2372	27	146	45002.50	32247.40
私营独资企业	1	5			8.60	8.60
私营合伙企业						
私营有限责任公司	67	1746	13	76	37627.40	24011.50
私营股份有限公司	18	621	14	70	7366.50	8227.30
港、澳、台商投资企业	**17**	**1268**	**9**	**57**	**47831.00**	**33837.50**
合资经营企业（港或澳、台资）	9	919	6	51	42468.80	28116.00
合作经营企业（港或澳、台资）						
港、澳、台商独资经营企业	8	349	3	6	5362.20	5721.50
港、澳、台商投资股份有限公司						
其他港澳台投资企业						
外商投资企业	**16**	**3724**	**54**	**576**	**145267.50**	**76723.20**
中外合资经营企业	5	2288	17	382	65417.40	20275.80
中外合作经营企业						
外资企业	10	199	9	26	6971.00	5100.50
外商投资股份有限公司	1	1237	28	168	72879.10	51346.90
其他外商投资企业						

1-F-2 分行业企业办研发机构情况

行业	机构数（个）	机构人员数（人）			机构经费支出（万元）	仪器和设备原价（万元）
			#博士	#硕士		
总计	**16**	**3724**	**54**	**576**	**145267.50**	**76723.20**
采矿业	**5**	**121**	**4**	**17**	**4212.70**	**2890.60**
石油和天然气开采业						
黑色金属矿采选业	4	115	4	17	4205.30	2881.30
非金属矿采选业	1	6			7.40	9.30
制造业	**11**	**3603**	**50**	**559**	**141054.80**	**73832.60**
农副食品加工业						
食品制造业	1	32		7	594.00	423.00
酒、饮料和精制茶制造业						
纺织服装、服饰业						
皮革、毛皮、羽毛及其制品和制鞋业						
木材加工和木、竹、藤、棕、草制品业						
造纸和纸制品业						
文教、工美、体育和娱乐用品制造业						
石油加工、炼焦和核燃料加工业						
化学原料和化学制品制造业						
医药制造业	1	25	2	6	939.80	1233.10
非金属矿物制品业	1	14			275.50	450.00
黑色金属冶炼和压延加工业						
有色金属冶炼和压延加工业						
金属制品业						
通用设备制造业	2	1244	28	168	73186.70	51530.30
专用设备制造业						
汽车制造业	5	2281	17	377	65861.10	20161.70
电气机械和器材制造业						
计算机、通信和其他电子设备制造业						
仪器仪表制造业	1	7	3	1	197.70	34.50
其他制造业						
电力、热力、燃气及水生产和供应业						
电力、热力生产和供应业						
燃气生产和供应业						
水的生产和供应业						

1-F-3 分行业内资企业办研发机构情况

行业	机构数（个）	机构人员数（人）	#博士	#硕士	机构经费支出（万元）	仪器和设备原价（万元）
总计	**238**	**10331**	**155**	**1151**	**318657.60**	**450220.00**
采矿业	**3**	**160**	**1**	**8**	**2286.00**	**2604.90**
煤炭开采和洗选业						
黑色金属矿采选业						
有色金属矿采选业	2	130	1	8	2206.00	2555.70
非金属矿采选业	1	30			80.00	49.20
其他采矿业						
制造业	**234**	**9952**	**143**	**1030**	**313372.90**	**408175.50**
农副食品加工业	11	435	5	15	9325.10	10550.30
食品制造业	7	140	4	6	1064.70	2321.90
酒、饮料和精制茶制造业	7	134	11	16	1081.10	1846.30
烟草制品业	1	114	11	37	20804.20	8520.00
纺织业	7	68			1283.70	2060.00
纺织服装、服饰业						
皮革、毛皮、羽毛及其制品和制鞋业	1	18		3	506.10	44.60
木材加工和木、竹、藤、棕、草制品业	5	173	4	12	3043.70	1712.20
家具制造业						
造纸和纸制品业	2	76		2	1628.80	218.60
印刷和记录媒介复制业						
文教、工美、体育和娱乐用品制造业						
石油加工、炼焦和核燃料加工业	2	25		1	946.90	429.80
化学原料和化学制品制造业	31	750	24	101	11120.10	13538.20
医药制造业	22	744	9	69	8373.10	3898.40
橡胶和塑料制品业	4	88	1	19	4483.60	2728.20
非金属矿物制品业	6	202	1	7	8256.00	3393.10
黑色金属冶炼和压延加工业	3	112	3	22	8532.50	10021.10
有色金属冶炼和压延加工业	12	483	11	84	53341.90	224674.40
金属制品业	4	44		1	2489.70	4534.30
通用设备制造业	3	82	2	2	1457.60	1194.00
专用设备制造业	20	2372	45	331	48888.50	42289.00
汽车制造业	34	1957	2	176	100085.50	58809.00
铁路、船舶、航空航天和其他运输设备制造业						
电气机械和器材制造业	31	1139	9	77	18219.40	10320.90
计算机、通信和其他电子设备制造业	16	632	1	43	7753.10	3970.70
仪器仪表制造业	3	38			199.80	645.40
其他制造业	1	7			119.40	255.30
废弃资源综合利用业						
金属制品、机械和设备修理业	1	119		6	368.40	199.80
电力、热力、燃气及水生产和供应业	**1**	**219**	**11**	**113**	**2998.70**	**39439.60**
电力、热力生产和供应业	1	219	11	113	2998.70	39439.60
燃气生产和供应业						
水的生产和供应业						

1-F-4 分行业港澳台商投资企业办研发机构情况

行　　业	机构数（个）	机构人员数（人）	#博士	#硕士	机构经费支出（万元）	仪器和设备原价（万元）
总　计	**17**	**1268**	**9**	**57**	**47831.00**	**33837.50**
采矿业	**1**	**2**		**2**	**1.50**	**60.10**
非金属矿采选业	1	2		2	1.50	60.10
制造业	**16**	**1266**	**9**	**55**	**47829.50**	**33777.40**
农副食品加工业	1	103	6	4	5025.40	3206.00
食品制造业						
酒、饮料和精制茶制造业	1	34			834.50	456.00
纺织业	3	130	3	5	1150.00	2103.00
纺织服装、服饰业						
皮革、毛皮、羽毛及其制品和制鞋业						
木材加工和木、竹、藤、棕、草制品业						
家具制造业						
造纸和纸制品业						
印刷和记录媒介复制业	1	101		4	2476.40	824.30
文教、工美、体育和娱乐用品制造业						
石油加工、炼焦和核燃料加工业						
化学原料和化学制品制造业	1	2			18.00	617.50
医药制造业						
橡胶和塑料制品业						
非金属矿物制品业						
黑色金属冶炼和压延加工业						
有色金属冶炼和压延加工业	1	14		5	1106.30	602.10
金属制品业						
通用设备制造业	1	15			5.70	453.00
专用设备制造业						
汽车制造业	2	606		36	32847.50	22331.50
电气机械和器材制造业						
计算机、通信和其他电子设备制造业	5	261		1	4365.70	3184.00
仪器仪表制造业						
其他制造业						
废弃资源综合利用业						
电力、热力、燃气及水生产和供应业						
电力、热力生产和供应业						
燃气生产和供应业						
水的生产和供应业						

1-F-5 分行业外商投资企业办研发机构情况

行业	机构数（个）	机构人员数（人）	#博士	#硕士	机构经费支出（万元）	仪器和设备原价（万元）
总计	**16**	**3724**	**54**	**576**	**145267.50**	**76723.20**
采矿业	**5**	**121**	**4**	**17**	**4212.70**	**2890.60**
石油和天然气开采业						
黑色金属矿采选业	4	115	4	17	4205.30	2881.30
非金属矿采选业	1	6			7.40	9.30
制造业	**11**	**3603**	**50**	**559**	**141054.80**	**73832.60**
农副食品加工业						
食品制造业	1	32		7	594.00	423.00
酒、饮料和精制茶制造业						
纺织服装、服饰业						
皮革、毛皮、羽毛及其制品和制鞋业						
木材加工和木、竹、藤、棕、草制品业						
造纸和纸制品业						
文教、工美、体育和娱乐用品制造业						
石油加工、炼焦和核燃料加工业						
化学原料和化学制品制造业						
医药制造业	1	25	2	6	939.80	1233.10
非金属矿物制品业	1	14			275.50	450.00
黑色金属冶炼和压延加工业						
有色金属冶炼和压延加工业						
金属制品业						
通用设备制造业	2	1244	28	168	73186.70	51530.30
专用设备制造业						
汽车制造业	5	2281	17	377	65861.10	20161.70
电气机械和器材制造业						
计算机、通信和其他电子设备制造业						
仪器仪表制造业	1	7	3	1	197.70	34.50
其他制造业						
电力、热力、燃气及水生产和供应业						
电力、热力生产和供应业						
燃气生产和供应业						
水的生产和供应业						

1-F-6 各地区企业办研发机构情况

地　区	机构数（个）	机构人员数（人）			机构经费支出（万元）	仪器和设备原价（万元）
			#博士	#硕士		
广西壮族自治区	**271**	**15323**	**218**	**1784**	**511756.10**	**560780.70**
南宁市	68	2524	73	415	98697.80	128198.80
柳州市	58	6063	39	825	249677.20	297105.80
桂林市	58	2311	33	219	32572.10	31633.40
梧州市	15	503	10	21	10978.40	7184.20
北海市	17	710	6	47	15617.30	9180.60
防城港市	2	47	10	8	52.90	639.70
钦州市	13	606	2	7	10657.90	6384.30
贵港市	6	340	4	8	3458.40	8378.10
玉林市	6	1353	29	173	74121.20	54639.30
百色市	1	14		2	470.20	82.20
贺州市	6	227	1	7	3119.90	1138.50
河池市	6	239	5	17	4145.50	4955.70
来宾市	8	239	1	15	2450.10	7775.90
崇左市	7	147	5	20	5737.20	3484.20

1-F-7 各地区内资企业办研发机构情况

地 区	机构数（个）	机构人员数（人）	#博士	#硕士	机构经费支出（万元）	仪器和设备原价（万元）
广西壮族自治区	**238**	**10331**	**155**	**1151**	**318657.60**	**450220.00**
南宁市	63	2400	68	403	95448.00	125690.10
柳州市	51	3233	22	413	152079.00	255129.20
桂林市	50	2063	30	204	29125.70	27888.00
梧州市	12	383	4	17	5929.30	2907.70
北海市	16	655	6	46	14204.60	9162.00
防城港市	2	47	10	8	52.90	639.70
钦州市	11	456	2	7	7968.90	3404.90
贵港市	6	340	4	8	3458.40	8378.10
玉林市	4	104	1	5	1149.60	3289.40
百色市	1	14		2	470.20	82.20
贺州市	5	126	1	3	643.50	314.20
河池市	6	239	5	17	4145.50	4955.70
来宾市	8	239	1	15	2450.10	7775.90
崇左市	3	32	1	3	1531.90	602.90

1-F-8 各地区港澳台商投资企业办研发机构情况

地　区	机构数（个）	机构人员数（人）	#博士	#硕士	机构经费支出（万元）	仪器和设备原价（万元）
广西壮族自治区	**17**	**1268**	**9**	**57**	**47831.00**	**33837.50**
南宁市	3	92		5	2112.30	1241.10
柳州市	2	606		36	32847.50	22331.50
桂林市	4	132	3	7	1151.50	2163.10
梧州市	3	120	6	4	5049.10	4276.50
北海市	1	55		1	1412.70	18.60
防城港市						
钦州市	2	150			2689.00	2979.40
贵港市						
玉林市	1	12			92.50	3.00
百色市						
贺州市	1	101		4	2476.40	824.30
河池市						
来宾市						
崇左市						

1-F-9 各地区外商投资企业办研发机构情况

地　　区	机构数（个）	机构人员数（人）			机构经费支　　出（万元）	仪 器 和设备原价（万元）
			#博士	#硕士		
广西壮族自治区	**16**	**3724**	**54**	**576**	**145267.50**	**76723.20**
南宁市	2	32	5	7	1137.50	1267.60
柳州市	5	2224	17	376	64750.70	19645.10
桂林市	4	116		8	2294.90	1582.30
梧州市						
北海市						
防城港市						
钦州市						
贵港市						
玉林市	1	1237	28	168	72879.10	51346.90
百色市						
贺州市						
河池市						
来宾市						
崇左市	4	115	4	17	4205.30	2881.30

G. 企业新产品开发及销售情况

1-G-1 分登记注册类型企业新产品开发及销售情况

单位：万元

登记注册类型	新产品开发项目数（项）	新产品开发经费支出	新产品销售收入	#出口
总　计	**3444**	**1091021.90**	**18335850.90**	**1615378.30**
内资企业	**2944**	**654986.30**	**10704767.40**	**1445386.90**
国有企业	31	1853.00	15257.50	384.40
集体企业	4	47.40	7825.50	
股份合作企业			604.50	
联营企业				
集体联营企业				
国有与集体联营企业				
有限责任公司	1579	344477.20	6118923.70	949338.20
国有独资公司	412	80920.30	2073508.70	13560.00
其他有限责任公司	1167	263556.90	4045415.00	935778.20
股份有限公司	473	121821.50	2488156.90	432747.50
私营企业	857	186787.20	2073999.30	62916.80
私营独资企业	3	178.00		
私营合伙企业	1	19.60		
私营有限责任公司	657	167274.50	1652772.30	49182.30
私营股份有限公司	196	19315.10	421227.00	13734.50
港、澳、台商投资企业	**212**	**50932.30**	**548834.80**	**55018.50**
合资经营企业（港或澳、台资）	169	42151.30	352847.00	6369.70
合作经营企业（港或澳、台资）				
港、澳、台商独资经营企业	32	7973.00	190812.30	47606.20
港、澳、台商投资股份有限公司	11	808.00	5175.50	1042.60
其他港澳台投资企业				
外商投资企业	**288**	**385103.30**	**7082248.70**	**114972.90**
中外合资经营企业	133	332501.20	5691571.10	98857.80
中外合作经营企业				
外资企业	27	4218.30	360070.70	9442.10
外商投资股份有限公司	128	48383.80	1030606.90	6673.00
其他外商投资企业				

1-G-2 分行业企业新产品开发及销售情况

单位：万元

行业	新产品开发项目数（项）	新产品开发经费支出	新产品销售收入	#出口
总计	**3444**	**1091021.90**	**18335850.90**	**1615378.30**
采矿业	**13**	**2351.30**	**291468.60**	
煤炭开采和洗选业	1	3.40	2210.00	
石油和天然气开采业				
黑色金属矿采选业	4	217.70	286061.30	
有色金属矿采选业	6	1801.10	24.00	
非金属矿采选业	2	329.10	3173.30	
其他采矿业				
制造业	**3275**	**1081186.90**	**18035785.50**	**1615378.30**
农副食品加工业	135	27016.90	334111.80	1149.70
食品制造业	101	6332.10	34423.40	8952.10
酒、饮料和精制茶制造业	53	12305.70	53291.30	739.60
烟草制品业	81	16661.30	289596.00	133.40
纺织业	30	4623.90	69376.20	20736.50
纺织服装、服饰业				
皮革、毛皮、羽毛及其制品和制鞋业			764.50	688.50
木材加工和木、竹、藤、棕、草制品业	26	2993.50	32267.00	293.10
家具制造业	2	62.20	1531.60	
造纸和纸制品业	21	24905.30	588154.80	24868.50
印刷和记录媒介复制业	2	545.90	23480.50	
文教、工美、体育和娱乐用品制造业	9	582.60	23963.20	675.10
石油加工、炼焦和核燃料加工业	26	2063.80	476568.70	
化学原料和化学制品制造业	199	29307.60	467475.20	22562.50
医药制造业	190	17170.20	474546.30	52531.00
橡胶和塑料制品业	80	8021.60	40687.70	6306.70
非金属矿物制品业	179	29829.60	407973.00	4191.40
黑色金属冶炼和压延加工业	47	124201.80	2087782.60	4559.00
有色金属冶炼和压延加工业	209	73067.70	408554.70	54951.30
金属制品业	41	9216.10	17368.00	170.50
通用设备制造业	230	57602.40	1144448.90	13947.20
专用设备制造业	420	89041.60	1511657.20	360064.50
汽车制造业	733	471955.30	7930605.00	78995.40
铁路、船舶、航空航天和其他运输设备制造业	5	130.00	20.00	
电气机械和器材制造业	183	35554.60	358569.50	43488.20
计算机、通信和其他电子设备制造业	177	33092.30	1116066.70	912742.30
仪器仪表制造业	77	4186.10	16422.80	2595.80
其他制造业	8	137.40	1541.10	36.00
废弃资源综合利用业	1	19.10		
金属制品、机械和设备修理业	10	560.30	124537.80	
电力、热力、燃气及水生产和供应业	**156**	**7483.70**	**8596.80**	
电力、热力生产和供应业	155	7457.50	8577.50	
燃气生产和供应业				
水的生产和供应业	1	26.20	19.30	

1-G-3 分行业内资企业新产品开发及销售情况

单位：万元

行　业	新产品开发项目数（项）	新产品开发经费支出	新产品销售收入	#出口
总　计	**2944**	**654986.30**	**10704767.40**	**1445386.90**
采矿业	**8**	**2114.60**	**5294.00**	
煤炭开采和洗选业	1	3.40	2210.00	
黑色金属矿采选业				
有色金属矿采选业	6	1801.10	24.00	
非金属矿采选业	1	310.10	3060.00	
其他采矿业				
制造业	**2780**	**645388.00**	**10690876.60**	**1445386.90**
农副食品加工业	127	22555.40	313852.60	918.10
食品制造业	96	5079.40	31999.40	6836.30
酒、饮料和精制茶制造业	48	11186.80	53291.30	739.60
烟草制品业	81	16661.30	289596.00	133.40
纺织业	30	4623.90	33166.20	2021.00
纺织服装、服饰业				
皮革、毛皮、羽毛及其制品和制鞋业			764.50	688.50
木材加工和木、竹、藤、棕、草制品业	26	2993.50	32267.00	293.10
家具制造业	2	62.20	1531.60	
造纸和纸制品业	14	1258.50	34168.50	
印刷和记录媒介复制业	1	225.10	428.00	
文教、工美、体育和娱乐用品制造业	9	582.60	23963.20	675.10
石油加工、炼焦和核燃料加工业	23	1712.50	476568.70	
化学原料和化学制品制造业	178	27172.30	437398.60	21519.90
医药制造业	181	16926.60	436044.30	44765.20
橡胶和塑料制品业	80	8021.60	40687.70	6306.70
非金属矿物制品业	161	26547.80	375920.40	3482.00
黑色金属冶炼和压延加工业	44	123694.30	2087542.60	4559.00
有色金属冶炼和压延加工业	199	71014.90	358244.80	54260.00
金属制品业	40	9157.60	17336.30	138.80
通用设备制造业	98	11958.50	99078.10	6485.50
专用设备制造业	392	87340.50	1508591.70	357510.00
汽车制造业	509	128828.40	2524967.70	4908.10
铁路、船舶、航空航天和其他运输设备制造业	5	130.00	20.00	
电气机械和器材制造业	183	35554.60	358569.50	43488.20
计算机、通信和其他电子设备制造业	158	27388.10	1012645.40	883026.60
仪器仪表制造业	76	3994.80	16153.60	2595.80
其他制造业	8	137.40	1541.10	36.00
废弃资源综合利用业	1	19.10		
金属制品、机械和设备修理业	10	560.30	124537.80	
电力、热力、燃气及水生产和供应业	**156**	**7483.70**	**8596.80**	
电力、热力生产和供应业	155	7457.50	8577.50	
燃气生产和供应业				
水的生产和供应业	1	26.20	19.30	

1-G-4 分行业港澳台商投资企业新产品开发及销售情况

单位：万元

行业	新产品开发项目数（项）	新产品开发经费支出	新产品销售收入	#出口
总计	**212**	**50932.30**	**548834.80**	**55018.50**
采矿业	**1**	**19.00**	**113.30**	
非金属矿采选业	1	19.00	113.30	
制造业	**211**	**50913.30**	**548721.50**	**55018.50**
农副食品加工业	8	4461.50	20259.20	231.60
食品制造业	4	785.40		
酒、饮料和精制茶制造业	5	1118.90		
纺织业			36210.00	18715.50
纺织服装、服饰业				
皮革、毛皮、羽毛及其制品和制鞋业				
木材加工和木、竹、藤、棕、草制品业				
家具制造业				
造纸和纸制品业				
印刷和记录媒介复制业	1	320.80	23052.50	
文教、工美、体育和娱乐用品制造业				
石油加工、炼焦和核燃料加工业	3	351.30		
化学原料和化学制品制造业	21	2135.30	30076.60	1042.60
医药制造业	8	74.90	3117.00	
橡胶和塑料制品业				
非金属矿物制品业	14	2141.50	29008.60	380.40
黑色金属冶炼和压延加工业				
有色金属冶炼和压延加工业	3	786.90	1953.60	691.30
金属制品业				
通用设备制造业	5	35.40	644.00	
专用设备制造业	6	379.50	3065.50	2554.50
汽车制造业	118	32776.10	297913.20	1686.90
电气机械和器材制造业				
计算机、通信和其他电子设备制造业	15	5545.80	103421.30	29715.70
仪器仪表制造业				
其他制造业				
废弃资源综合利用业				
电力、热力、燃气及水生产和供应业				
电力、热力生产和供应业				
燃气生产和供应业				
水的生产和供应业				

1-G-5 分行业外商投资企业新产品开发及销售情况

单位：万元

行　业	新产品开发项目数（项）	新产品开发经费支出	新产品销售收入	#出口
总　计	**288**	**385103.30**	**7082248.70**	**114972.90**
采矿业	**4**	**217.70**	**286061.30**	
石油和天然气开采业				
黑色金属矿采选业	4	217.70	286061.30	
非金属矿采选业				
制造业	**284**	**384885.60**	**6796187.40**	**114972.90**
农副食品加工业				
食品制造业	1	467.30	2424.00	2115.80
酒、饮料和精制茶制造业				
纺织服装、服饰业				
皮革、毛皮、羽毛及其制品和制鞋业				
木材加工和木、竹、藤、棕、草制品业				
造纸和纸制品业	7	23646.80	553986.30	24868.50
文教、工美、体育和娱乐用品制造业				
石油加工、炼焦和核燃料加工业				
化学原料和化学制品制造业				
医药制造业	1	168.70	35385.00	7765.80
非金属矿物制品业	4	1140.30	3044.00	329.00
黑色金属冶炼和压延加工业	3	507.50	240.00	
有色金属冶炼和压延加工业	7	1265.90	48356.30	
金属制品业	1	58.50	31.70	31.70
通用设备制造业	127	45608.50	1044726.80	7461.70
专用设备制造业	22	1321.60		
汽车制造业	106	310350.80	5107724.10	72400.40
电气机械和器材制造业				
计算机、通信和其他电子设备制造业	4	158.40		
仪器仪表制造业	1	191.30	269.20	
其他制造业				
电力、热力、燃气及水生产和供应业				
电力、热力生产和供应业				
燃气生产和供应业				
水的生产和供应业				

1-G-6 各地区企业新产品开发及销售情况

单位：万元

地　区	新产品开发项目数（项）	新产品开发经费支出	新产品销售收入	
				#出口
广西壮族自治区	**3444**	**1091021.90**	**18335850.90**	**1615378.30**
南宁市	1061	132360.20	1477493.80	62719.70
柳州市	1039	591286.30	10962892.30	419965.30
桂林市	493	77824.00	680964.70	156171.50
梧州市	185	20568.70	483371.90	25552.90
北海市	134	34888.00	1579979.20	877915.30
防城港市	28	73328.30	217843.50	766.60
钦州市	98	44525.60	804983.70	50756.70
贵港市	43	7309.70	88235.90	46.20
玉林市	182	55095.10	1281654.50	16621.00
百色市	58	24116.70	223527.10	
贺州市	43	6928.50	122670.60	3445.90
河池市	19	16075.70	30463.10	
来宾市	26	1438.60	33660.30	1417.20
崇左市	35	5276.50	348110.30	

1-G-7 各地区内资企业新产品开发及销售情况

单位：万元

地　区	新产品开发项目数（项）	新产品开发经费支出	新产品销售收入	#出口
广西壮族自治区	**2944**	**654986.30**	**10704767.40**	**1445386.90**
南宁市	1037	128090.20	1387592.90	50851.40
柳州市	820	250413.50	5563209.10	360732.60
桂林市	469	73503.60	617500.50	118987.50
梧州市	141	13398.60	429326.60	21724.20
北海市	117	33639.10	1502301.30	873607.60
防城港市	28	73328.30	217843.50	766.60
钦州市	91	16659.20	257793.00	13671.70
贵港市	43	7309.70	88235.90	46.20
玉林市	39	8725.90	240835.40	136.00
百色市	55	23296.20	222935.00	
贺州市	42	6607.70	99618.10	3445.90
河池市	19	16075.70	30463.10	
来宾市	26	1438.60	33660.30	1417.20
崇左市	17	2500.00	13452.70	

1-G-8 各地区港澳台商投资企业新产品开发及销售情况

单位：万元

地区	新产品开发项目数（项）	新产品开发经费支出	新产品销售收入	#出口
广西壮族自治区	**212**	**50932.30**	**548834.80**	**55018.50**
南宁市	18	3029.00	35202.90	4070.80
柳州市	117	32622.70	297586.20	1686.90
桂林市	10	320.30	38249.20	19095.90
梧州市	40	7011.70	54045.30	3828.70
北海市	17	1248.90	77677.90	4307.70
防城港市				
钦州市	1	4619.60	12216.50	12216.50
贵港市				
玉林市	1	153.40	10212.20	9812.00
百色市	3	820.50	592.10	
贺州市	1	320.80	23052.50	
河池市				
来宾市				
崇左市	4	785.40		

1-G-9 各地区外商投资企业新产品开发及销售情况

单位：万元

地　　区	新产品开发项目数（项）	新产品开发经费支出	新产品销售收入	
				#出口
广西壮族自治区	**288**	**385103.30**	**7082248.70**	**114972.90**
南宁市	6	1241.00	54698.00	7797.50
柳州市	102	308250.10	5102097.00	57545.80
桂林市	14	4000.10	25215.00	18088.10
梧州市	4	158.40		
北海市				
防城港市				
钦州市	6	23246.80	534974.20	24868.50
贵港市				
玉林市	142	46215.80	1030606.90	6673.00
百色市				
贺州市				
河池市				
来宾市				
崇左市	14	1991.10	334657.60	

H.企业自主知识产权及相关情况

1-H-1 分登记注册类型企业自主知识产权及相关情况

登记注册类型	专利申请数（件）	#发明专利	有效发明专利数（件）	拥有注册商标数（件）	形成国家或行业标准数（项）
总计	**6239**	**2559**	**6846**	**5111**	**190**
内资企业	**3732**	**1664**	**5250**	**3955**	**161**
国有企业	11	9	90	63	
集体企业			16	2	
股份合作企业			1		
联营企业					
集体联营企业					
国有与集体联营企业					
有限责任公司	2002	800	2307	1685	106
国有独资公司	926	261	479	60	42
其他有限责任公司	1076	539	1828	1625	64
股份有限公司	820	380	1443	1084	35
私营企业	899	475	1393	1121	20
私营独资企业			18	1	
私营合伙企业					
私营有限责任公司	804	406	1210	669	18
私营股份有限公司	95	69	165	451	2
港、澳、台商投资企业	**332**	**158**	**339**	**87**	**7**
合资经营企业（港或澳、台资）	241	110	158	85	7
合作经营企业（港或澳、台资）					
港、澳、台商独资经营企业	90	47	173	2	
港、澳、台商投资股份有限公司	1	1	8		
其他港澳台投资企业					
外商投资企业	**2175**	**737**	**1257**	**1069**	**22**
中外合资经营企业	1086	310	518	993	16
中外合作经营企业					
外资企业	20	8	107	6	
外商投资股份有限公司	1069	419	632	70	6
其他外商投资企业					

1-H-2 分行业企业自主知识产权及相关情况

行　业	专　利申请数（件）	#发明专利	有效发明专利数（件）	拥有注册商标数（件）	形成国家或行业标准数（项）
总　计	**6239**	**2559**	**6846**	**5111**	**190**
采矿业	**21**	**11**	**131**	**9**	
煤炭开采和洗选业	12	4	23	1	
石油和天然气开采业					
黑色金属矿采选业	5	5	60	4	
有色金属矿采选业	3	1	47	4	
非金属矿采选业	1	1	1		
其他采矿业					
制造业	**5607**	**2466**	**6695**	**5060**	**182**
农副食品加工业	42	31	150	172	14
食品制造业	62	30	145	507	
酒、饮料和精制茶制造业	65	26	242	131	3
烟草制品业	84	44	118	331	16
纺织业	40	11	134	4	
纺织服装、服饰业					
皮革、毛皮、羽毛及其制品和制鞋业			1	34	
木材加工和木、竹、藤、棕、草制品业	48	32	38	14	1
家具制造业	9	8	1	1	
造纸和纸制品业	9	6	8	7	
印刷和记录媒介复制业	9		11		
文教、工美、体育和娱乐用品制造业	14	4	21		
石油加工、炼焦和核燃料加工业	4	1	9	11	
化学原料和化学制品制造业	132	88	557	711	3
医药制造业	124	62	482	1384	11
橡胶和塑料制品业	73	43	115	36	1
非金属矿物制品业	148	81	313	33	7
黑色金属冶炼和压延加工业	131	62	153	3	11
有色金属冶炼和压延加工业	198	104	333	45	4
金属制品业	105	53	127	24	1
通用设备制造业	1141	463	813	78	15
专用设备制造业	904	430	1287	261	25
汽车制造业	1562	502	922	1107	26
铁路、船舶、航空航天和其他运输设备制造业					
电气机械和器材制造业	162	101	401	68	35
计算机、通信和其他电子设备制造业	477	258	194	72	
仪器仪表制造业	46	26	87	23	4
其他制造业	8		30	1	1
废弃资源综合利用业					
金属制品、机械和设备修理业	10		3	2	4
电力、热力、燃气及水生产和供应业	**611**	**82**	**20**	**42**	**8**
电力、热力生产和供应业	611	82	20	42	8
燃气生产和供应业					
水的生产和供应业					

1-H-3 分行业内资企业自主知识产权及相关情况

行业	专利申请数（件）	#发明专利	有效发明专利数（件）	拥有注册商标数（件）	形成国家或行业标准数（项）
总计	**3732**	**1664**	**5250**	**3955**	**161**
采矿业	**15**	**5**	**70**	**5**	
煤炭开采和洗选业	12	4	23	1	
黑色金属矿采选业					
有色金属矿采选业	3	1	47	4	
非金属矿采选业					
其他采矿业					
制造业	**3106**	**1577**	**5160**	**3908**	**153**
农副食品加工业	42	31	125	160	12
食品制造业	60	28	89	397	
酒、饮料和精制茶制造业	65	26	242	131	3
烟草制品业	84	44	118	331	16
纺织业	2	1	7	3	
纺织服装、服饰业					
皮革、毛皮、羽毛及其制品和制鞋业			1	34	
木材加工和木、竹、藤、棕、草制品业	48	32	38	14	1
家具制造业	9	8	1	1	
造纸和纸制品业	1	1	3	7	
印刷和记录媒介复制业	1		11		
文教、工美、体育和娱乐用品制造业	14	4	21		
石油加工、炼焦和核燃料加工业	4	1	8	11	
化学原料和化学制品制造业	127	87	549	711	3
医药制造业	112	59	453	1338	11
橡胶和塑料制品业	73	43	115	36	1
非金属矿物制品业	123	69	267	32	7
黑色金属冶炼和压延加工业	131	62	153	3	11
有色金属冶炼和压延加工业	177	93	310	44	4
金属制品业	99	53	105	24	1
通用设备制造业	74	45	157	9	9
专用设备制造业	876	423	1262	260	25
汽车制造业	384	182	430	200	5
铁路、船舶、航空航天和其他运输设备制造业					
电气机械和器材制造业	162	101	401	68	35
计算机、通信和其他电子设备制造业	379	160	179	69	
仪器仪表制造业	41	24	82	22	4
其他制造业	8		30	1	1
废弃资源综合利用业					
金属制品、机械和设备修理业	10		3	2	4
电力、热力、燃气及水生产和供应业	**611**	**82**	**20**	**42**	**8**
电力、热力生产和供应业	611	82	20	42	8
燃气生产和供应业					
水的生产和供应业					

1-H-4 分行业港澳台商投资企业自主知识产权及相关情况

行业	专利申请数（件）	#发明专利	有效发明专利数（件）	拥有注册商标数（件）	形成国家或行业标准数（项）
总计	**332**	**158**	**339**	**87**	**7**
采矿业	**1**	**1**	**1**		
非金属矿采选业	1	1	1		
制造业	**331**	**157**	**338**	**87**	**7**
农副食品加工业			25	12	2
食品制造业					
酒、饮料和精制茶制造业					
纺织业	38	10	127	1	
纺织服装、服饰业					
皮革、毛皮、羽毛及其制品和制鞋业					
木材加工和木、竹、藤、棕、草制品业					
家具制造业					
造纸和纸制品业					
印刷和记录媒介复制业	8				
文教、工美、体育和娱乐用品制造业					
石油加工、炼焦和核燃料加工业			1		
化学原料和化学制品制造业	5	1	8		
医药制造业	12	3	23	46	
橡胶和塑料制品业					
非金属矿物制品业	24	12	44		
黑色金属冶炼和压延加工业					
有色金属冶炼和压延加工业	9	2	7	1	
金属制品业	6		16		
通用设备制造业					
专用设备制造业	3		11		
汽车制造业	128	31	61	24	5
电气机械和器材制造业					
计算机、通信和其他电子设备制造业	98	98	15	3	
仪器仪表制造业					
其他制造业					
废弃资源综合利用业					
电力、热力、燃气及水生产和供应业					
电力、热力生产和供应业					
燃气生产和供应业					
水的生产和供应业					

1-H-5 分行业外商投资企业自主知识产权及相关情况

行业	专利申请数（件）	#发明专利	有效发明专利数（件）	拥有注册商标数（件）	形成国家或行业标准数（项）
总计	**2175**	**737**	**1257**	**1069**	**22**
采矿业	**5**	**5**	**60**	**4**	
石油和天然气开采业					
黑色金属矿采选业	5	5	60	4	
非金属矿采选业					
制造业	**2170**	**732**	**1197**	**1065**	**22**
农副食品加工业					
食品制造业	2	2	56	110	
酒、饮料和精制茶制造业					
纺织服装、服饰业					
皮革、毛皮、羽毛及其制品和制鞋业					
木材加工和木、竹、藤、棕、草制品业					
造纸和纸制品业	8	5	5		
文教、工美、体育和娱乐用品制造业					
石油加工、炼焦和核燃料加工业					
化学原料和化学制品制造业					
医药制造业			6		
非金属矿物制品业	1		2	1	
黑色金属冶炼和压延加工业					
有色金属冶炼和压延加工业	12	9	16		
金属制品业			6		
通用设备制造业	1067	418	656	69	6
专用设备制造业	25	7	14	1	
汽车制造业	1050	289	431	883	16
电气机械和器材制造业					
计算机、通信和其他电子设备制造业					
仪器仪表制造业	5	2	5	1	
其他制造业					
电力、热力、燃气及水生产和供应业					
电力、热力生产和供应业					
燃气生产和供应业					
水的生产和供应业					

1-H-6 各地区企业自主知识产权及相关情况

地　区	专　利申请数（件）	#发明专利	有效发明专利数（件）	拥有注册商标数（件）	形成国家或行业标准数（项）
广西壮族自治区	**6239**	**2559**	**6846**	**5111**	**190**
南宁市	1324	498	1168	1259	40
柳州市	2296	885	2117	2438	60
桂林市	761	358	1187	702	58
梧州市	96	54	375	185	4
北海市	177	99	279	149	2
防城港市	83	32	232	102	2
钦州市	64	27	164	41	
贵港市	26	14	43	19	12
玉林市	1145	462	728	147	6
百色市	128	55	165	8	4
贺州市	35	16	85	33	
河池市	50	21	83	14	
来宾市	31	19	105	7	1
崇左市	23	19	115	7	1

1-H-7 各地区内资企业自主知识产权及相关情况

地　区	专　利申请数（件）	#发明专利	有效发明专利数（件）	拥有注册商标数（件）	形成国家或行业标准数（项）
广西壮族自治区	**3732**	**1664**	**5250**	**3955**	**161**
南宁市	1226	430	1101	1209	40
柳州市	1120	566	1613	1531	39
桂林市	716	345	957	590	58
梧州市	82	53	315	173	2
北海市	144	66	277	149	2
防城港市	83	32	232	102	2
钦州市	51	17	152	40	
贵港市	26	14	43	19	12
玉林市	64	37	86	77	
百色市	106	43	162	8	4
贺州市	27	16	85	33	
河池市	50	21	83	14	
来宾市	31	19	105	7	1
崇左市	6	5	39	3	1

1-H-8 各地区港澳台商投资企业自主知识产权及相关情况

地　　区	专　利申请数（件）	#发明专利	有效发明专利数（件）	拥有注册商标数（件）	形成国家或行业标准数（项）
广西壮族自治区	**332**	**158**	**339**	**87**	**7**
南宁市	84	66	50	49	
柳州市	128	31	61	24	5
桂林市	38	10	156	1	
梧州市	14	1	60	12	2
北海市	33	33	2		
防城港市					
钦州市	5	5	7	1	
贵港市					
玉林市					
百色市	22	12	3		
贺州市	8				
河池市					
来宾市					
崇左市					

1-H-9 各地区外商投资企业自主知识产权及相关情况

地　区	专　利申请数（件）	#发明专利	有效发明专利数（件）	拥有注册商标数（件）	形成国家或行业标准数（项）
广西壮族自治区	**2175**	**737**	**1257**	**1069**	**22**
南宁市	14	2	17	1	
柳州市	1048	288	443	883	16
桂林市	7	3	74	111	
梧州市					
北海市					
防城港市					
钦州市	8	5	5		
贵港市					
玉林市	1081	425	642	70	6
百色市					
贺州市					
河池市					
来宾市					
崇左市	17	14	76	4	

I. 企业政府相关政策落实情况

1-I-1 分登记注册类型企业政府相关政策落实情况

单位：万元

登记注册类型	来自政府部门的研究开发经费	研究开发费用加计扣除减免税	高新技术企业减免税
总　计	**50382.40**	**77001.30**	**46709.00**
内资企业	**37403.40**	**41024.90**	**21437.70**
国有企业	1638.70	127.30	15.90
集体企业			
股份合作企业			
联营企业			
集体联营企业			
国有与集体联营企业			
有限责任公司	17441.70	24078.00	12217.20
国有独资公司	6347.10	2721.70	1935.00
其他有限责任公司	11094.60	21356.30	10282.20
股份有限公司	11529.80	11125.60	5009.90
私营企业	6793.20	5694.00	4194.70
私营独资企业	25.00		
私营合伙企业			
私营有限责任公司	5189.50	3792.40	3611.80
私营股份有限公司	1578.70	1901.60	582.90
港、澳、台商投资企业	**3631.40**	**17214.70**	**7278.60**
合资经营企业（港或澳、台资）	3552.00	17148.40	7034.90
合作经营企业（港或澳、台资）			
港、澳、台商独资经营企业	79.40	66.30	243.70
港、澳、台商投资股份有限公司			
其他港澳台投资企业			
外商投资企业	**9347.60**	**18761.70**	**17992.70**
中外合资经营企业	6655.60	15755.60	7105.30
中外合作经营企业			
外资企业	742.10	106.70	2219.70
外商投资股份有限公司	1949.90	2899.40	8667.70
其他外商投资企业			

1-I-2 分行业企业政府相关政策落实情况

单位：万元

行　业	来自政府部门的研究开发经费	研究开发费用加计扣除减免税	高新技术企业减免税
总　计	**50382.40**	**77001.30**	**46709.00**
采矿业	**547.50**		**2019.80**
煤炭开采和洗选业			
石油和天然气开采业			
黑色金属矿采选业	368.10		2019.80
有色金属矿采选业	164.40		
非金属矿采选业	15.00		
其他采矿业			
制造业	**49832.90**	**77001.30**	**44689.20**
农副食品加工业	527.50	235.00	748.20
食品制造业	314.90	197.20	347.10
酒、饮料和精制茶制造业	215.40	88.40	115.10
烟草制品业			
纺织业	37.00		
纺织服装、服饰业			
皮革、毛皮、羽毛及其制品和制鞋业			
木材加工和木、竹、藤、棕、草制品业	155.10		
家具制造业			
造纸和纸制品业		399.10	7105.30
印刷和记录媒介复制业	67.00	67.70	1557.50
文教、工美、体育和娱乐用品制造业	68.00	157.60	88.90
石油加工、炼焦和核燃料加工业		163.00	
化学原料和化学制品制造业	1329.40	951.40	1495.70
医药制造业	2264.10	4189.60	2192.20
橡胶和塑料制品业	1244.60	144.90	520.20
非金属矿物制品业	1158.10	3227.40	2124.50
黑色金属冶炼和压延加工业	2747.50	389.00	
有色金属冶炼和压延加工业	4214.40	3505.60	5381.60
金属制品业	353.50	228.30	
通用设备制造业	2345.50	3193.20	8867.00
专用设备制造业	10736.20	8566.90	3570.00
汽车制造业	15299.90	45331.60	8317.20
铁路、船舶、航空航天和其他运输设备制造业			
电气机械和器材制造业	3839.50	727.30	1160.70
计算机、通信和其他电子设备制造业	2271.70	4420.60	873.40
仪器仪表制造业	174.30	169.50	187.60
其他制造业	369.30	18.60	37.00
废弃资源综合利用业			
金属制品、机械和设备修理业	100.00	629.40	
电力、热力、燃气及水生产和供应业	**2.00**		
电力、热力生产和供应业	2.00		
燃气生产和供应业			
水的生产和供应业			

1-I-3 分行业内资企业政府相关政策落实情况

单位：万元

行　业	来自政府部门的研究开发经费	研究开发费用加计扣除减免税	高新技术企业减免税
总　计	**37403.40**	**41024.90**	**21437.70**
采矿业	**179.40**		
煤炭开采和洗选业			
黑色金属矿采选业			
有色金属矿采选业	164.40		
非金属矿采选业	15.00		
其他采矿业			
制造业	**37222.00**	**41024.90**	**21437.70**
农副食品加工业	527.50	235.00	748.20
食品制造业	314.90	147.20	347.10
酒、饮料和精制茶制造业	187.00	88.40	115.10
烟草制品业			
纺织业	37.00		
纺织服装、服饰业			
皮革、毛皮、羽毛及其制品和制鞋业			
木材加工和木、竹、藤、棕、草制品业	155.10		
家具制造业			
造纸和纸制品业			
印刷和记录媒介复制业			
文教、工美、体育和娱乐用品制造业	68.00	157.60	88.90
石油加工、炼焦和核燃料加工业		163.00	
化学原料和化学制品制造业	1329.40	951.40	1495.70
医药制造业	1835.10	4189.60	2067.30
橡胶和塑料制品业	1244.60	144.90	520.20
非金属矿物制品业	1158.10	3176.20	1478.00
黑色金属冶炼和压延加工业	2747.50	389.00	
有色金属冶炼和压延加工业	3893.20	3505.60	5381.60
金属制品业	353.50	183.10	
通用设备制造业	395.60	232.30	124.30
专用设备制造业	10681.00	8566.90	3570.00
汽车制造业	5590.70	12980.40	3341.70
铁路、船舶、航空航天和其他运输设备制造业			
电气机械和器材制造业	3839.50	727.30	1160.70
计算机、通信和其他电子设备制造业	2220.70	4369.50	774.30
仪器仪表制造业	174.30	169.50	187.60
其他制造业	369.30	18.60	37.00
废弃资源综合利用业			
金属制品、机械和设备修理业	100.00	629.40	
电力、热力、燃气及水生产和供应业	**2.00**		
电力、热力生产和供应业	2.00		
燃气生产和供应业			
水的生产和供应业			

1-I-4 分行业港澳台商投资企业政府相关政策落实情况

单位：万元

行　业	来自政府部门的研究开发经费	研究开发费用加计扣除减免税	高新技术企业减免税
总　计	**3631.40**	**17214.70**	**7278.60**
采矿业			
非金属矿采选业			
制造业	**3631.40**	**17214.70**	**7278.60**
农副食品加工业			
食品制造业			
酒、饮料和精制茶制造业	28.40		
纺织业			
纺织服装、服饰业			
皮革、毛皮、羽毛及其制品和制鞋业			
木材加工和木、竹、藤、棕、草制品业			
家具制造业			
造纸和纸制品业			
印刷和记录媒介复制业	67.00	67.70	1557.50
文教、工美、体育和娱乐用品制造业			
石油加工、炼焦和核燃料加工业			
化学原料和化学制品制造业			
医药制造业	95.00		
橡胶和塑料制品业			
非金属矿物制品业		51.20	646.50
黑色金属冶炼和压延加工业			
有色金属冶炼和压延加工业			
金属制品业			
通用设备制造业			
专用设备制造业			
汽车制造业	3390.00	17044.70	4975.50
电气机械和器材制造业			
计算机、通信和其他电子设备制造业	51.00	51.10	99.10
仪器仪表制造业			
其他制造业			
废弃资源综合利用业			
电力、热力、燃气及水生产和供应业			
电力、热力生产和供应业			
燃气生产和供应业			
水的生产和供应业			

1-I-5 分行业外商投资企业政府相关政策落实情况

单位：万元

行　　业	来自政府部门的研究开发经费	研究开发费用加计扣除减免税	高新技术企业减免税
总　计	**9347.60**	**18761.70**	**17992.70**
采矿业	**368.10**		**2019.80**
石油和天然气开采业			
黑色金属矿采选业	368.10		2019.80
非金属矿采选业			
制造业	**8979.50**	**18761.70**	**15972.90**
农副食品加工业			
食品制造业		50.00	
酒、饮料和精制茶制造业			
纺织服装、服饰业			
皮革、毛皮、羽毛及其制品和制鞋业			
木材加工和木、竹、藤、棕、草制品业			
造纸和纸制品业		399.10	7105.30
文教、工美、体育和娱乐用品制造业			
石油加工、炼焦和核燃料加工业			
化学原料和化学制品制造业			
医药制造业	334.00		124.90
非金属矿物制品业			
黑色金属冶炼和压延加工业			
有色金属冶炼和压延加工业	321.20		
金属制品业		45.20	
通用设备制造业	1949.90	2960.90	8742.70
专用设备制造业	55.20		
汽车制造业	6319.20	15306.50	
电气机械和器材制造业			
计算机、通信和其他电子设备制造业			
仪器仪表制造业			
其他制造业			
电力、热力、燃气及水生产和供应业			
电力、热力生产和供应业			
燃气生产和供应业			
水的生产和供应业			

1-I-6 各地区企业政府相关政策落实情况

单位：万元

地　　区	来自政府部门的研究开发经费	研究开发费用加计扣除减免税	高新技术企业减免税
广西壮族自治区	**50382.40**	**77001.30**	**46709.00**
南宁市	9555.30	8942.60	6696.90
柳州市	22419.80	48815.50	9050.80
桂林市	9722.50	5945.70	3946.20
梧州市	274.40	163.00	382.30
北海市	2035.00	4037.70	433.50
防城港市	189.00	11.50	156.40
钦州市	251.00	789.00	7656.80
贵港市	195.00	137.80	445.80
玉林市	2070.10	3424.90	8717.40
百色市	1172.60	246.70	5542.90
贺州市	811.70	1272.60	1610.10
河池市	557.40	3121.20	
来宾市	328.80	63.60	39.70
崇左市	799.80	29.50	2030.20

1-I-7 各地区内资企业政府相关政策落实情况

单位：万元

地　区	来自政府部门的研究开发经费	研究开发费用加计扣除减免税	高新技术企业减免税
广西壮族自治区	**37403.40**	**41024.90**	**21437.70**
南宁市	9101.30	8882.20	6427.40
柳州市	12710.60	16402.80	4000.30
桂林市	9694.10	5859.70	3936.80
梧州市	274.40	163.00	382.30
北海市	2035.00	4037.70	433.50
防城港市	189.00	11.50	156.40
钦州市	200.00	338.80	452.40
贵港市	195.00	137.80	445.80
玉林市	90.00	525.50	49.70
百色市	1172.60	246.70	5050.40
贺州市	744.70	1204.90	52.60
河池市	557.40	3121.20	
来宾市	328.80	63.60	39.70
崇左市	110.50	29.50	10.40

1-I-8 各地区港澳台商投资企业政府相关政策落实情况

单位：万元

地　区	来自政府部门的研究开发经费	研究开发费用加计扣除减免税	高新技术企业减免税
广西壮族自治区	**3631.40**	**17214.70**	**7278.60**
南宁市	95.00	15.20	144.60
柳州市	3390.00	17044.70	4975.50
桂林市	28.40	36.00	9.40
梧州市			
北海市			
防城港市			
钦州市	51.00	51.10	99.10
贵港市			
玉林市			
百色市			492.50
贺州市	67.00	67.70	1557.50
河池市			
来宾市			
崇左市			

1-I-9 各地区外商投资企业政府相关政策落实情况

单位：万元

地　　区	来自政府部门的研究开发经费	研究开发费用加计扣除减免税	高新技术企业减免税
广西壮族自治区	**9347.60**	**18761.70**	**17992.70**
南宁市	359.00	45.20	124.90
柳州市	6319.20	15368.00	75.00
桂林市		50.00	
梧州市			
北海市			
防城港市			
钦州市		399.10	7105.30
贵港市			
玉林市	1980.10	2899.40	8667.70
百色市			
贺州市			
河池市			
来宾市			
崇左市	689.30		2019.80

J. 企业技术获取和技术改造情况

1-J-1 分登记注册类型企业技术获取和技术改造情况

单位：万元

登记注册类型	引进技术经费支出	消化吸收经费支出	购买国内技术经费支出	技术改造经费支出
总　计	**6314.90**	**5273.90**	**12810.70**	**634775.80**
内资企业	**243.50**	**185.00**	**1683.70**	**345841.10**
国有企业				372.60
集体企业				22.50
股份合作企业				
联营企业				
集体联营企业				
国有与集体联营企业				
有限责任公司	243.50	32.00	735.70	272946.00
国有独资公司	4.50		658.40	113654.40
其他有限责任公司	239.00	32.00	77.30	159291.60
股份有限公司		23.00	35.00	49351.40
私营企业		130.00	913.00	23148.60
私营独资企业				
私营合伙企业				4928.00
私营有限责任公司		130.00	540.30	14725.30
私营股份有限公司			372.70	3495.30
港、澳、台商投资企业		**86.00**	**186.80**	**53087.00**
合资经营企业（港或澳、台资）		86.00	150.80	52822.60
合作经营企业（港或澳、台资）				
港、澳、台商独资经营企业			36.00	264.40
港、澳、台商投资股份有限公司				
其他港澳台投资企业				
外商投资企业	**6071.40**	**5002.90**	**10940.20**	**235847.70**
中外合资经营企业			10.00	232468.10
中外合作经营企业				
外资企业	40.50	103.50		1456.00
外商投资股份有限公司	6030.90	4899.40	10930.20	1764.10
其他外商投资企业				159.50

1-J-2 分行业企业技术获取和技术改造情况

单位：万元

行　业	引进技术经费支出	消化吸收经费支出	购买国内技术经费支出	技术改造经费支出
总　计	**6314.90**	**5273.90**	**12810.70**	**634775.80**
采矿业				**10553.40**
煤炭开采和洗选业				430.00
石油和天然气开采业				
黑色金属矿采选业				632.20
有色金属矿采选业				9491.20
非金属矿采选业				
其他采矿业				
制造业	**6314.90**	**5273.90**	**12790.70**	**616160.90**
农副食品加工业				17365.20
食品制造业				
酒、饮料和精制茶制造业				10467.40
烟草制品业				
纺织业				546.70
纺织服装、服饰业				
皮革、毛皮、羽毛及其制品和制鞋业				8.00
木材加工和木、竹、藤、棕、草制品业			15.00	1181.70
家具制造业				28.00
造纸和纸制品业				4326.60
印刷和记录媒介复制业				70.00
文教、工美、体育和娱乐用品制造业				
石油加工、炼焦和核燃料加工业			2.70	
化学原料和化学制品制造业			85.00	12622.10
医药制造业	40.50	126.50		1750.00
橡胶和塑料制品业				222.60
非金属矿物制品业			25.00	5564.10
黑色金属冶炼和压延加工业			108.40	99160.00
有色金属冶炼和压延加工业		86.00	10.00	39092.00
金属制品业			120.00	1387.60
通用设备制造业	6035.40	4931.40	10930.20	2284.30
专用设备制造业	239.00	130.00	127.30	25432.20
汽车制造业			776.10	384707.00
铁路、船舶、航空航天和其他运输设备制造业				
电气机械和器材制造业			50.00	5166.90
计算机、通信和其他电子设备制造业			11.00	656.00
仪器仪表制造业				22.50
其他制造业				
废弃资源综合利用业				
金属制品、机械和设备修理业			530.00	4100.00
电力、热力、燃气及水生产和供应业			**20.00**	**8061.50**
电力、热力生产和供应业			20.00	7965.00
燃气生产和供应业				
水的生产和供应业				96.50

1-J-3 分行业内资企业技术获取和技术改造情况

单位：万元

行业	引进技术经费支出	消化吸收经费支出	购买国内技术经费支出	技术改造经费支出
总计	**243.50**	**185.00**	**1683.70**	**345841.10**
采矿业				**9921.20**
煤炭开采和洗选业				430.00
黑色金属矿采选业				
有色金属矿采选业				9491.20
非金属矿采选业				
其他采矿业				
制造业	**243.50**	**185.00**	**1663.70**	**327858.40**
农副食品加工业				14640.30
食品制造业				
酒、饮料和精制茶制造业				10467.40
烟草制品业				
纺织业				546.70
纺织服装、服饰业				
皮革、毛皮、羽毛及其制品和制鞋业				8.00
木材加工和木、竹、藤、棕、草制品业			15.00	1181.70
家具制造业				28.00
造纸和纸制品业				
印刷和记录媒介复制业				70.00
文教、工美、体育和娱乐用品制造业				
石油加工、炼焦和核燃料加工业			2.70	
化学原料和化学制品制造业			85.00	12622.10
医药制造业		23.00		721.00
橡胶和塑料制品业				222.60
非金属矿物制品业				4750.30
黑色金属冶炼和压延加工业			108.40	99160.00
有色金属冶炼和压延加工业				38298.40
金属制品业			120.00	1387.60
通用设备制造业	4.50	32.00		510.20
专用设备制造业	239.00	130.00	127.30	25432.20
汽车制造业			625.30	108130.90
铁路、船舶、航空航天和其他运输设备制造业				
电气机械和器材制造业			50.00	5166.90
计算机、通信和其他电子设备制造业				391.60
仪器仪表制造业				22.50
其他制造业				
废弃资源综合利用业				
金属制品、机械和设备修理业			530.00	4100.00
电力、热力、燃气及水生产和供应业			**20.00**	**8061.50**
电力、热力生产和供应业			20.00	7965.00
燃气生产和供应业				
水的生产和供应业				96.50

1-J-4 分行业港澳台商投资企业技术获取和技术改造情况

单位：万元

行　　业	引进技术经费支出	消化吸收经费支出	购买国内技术经费支出	技术改造经费支出
总　计		**86.00**	**186.80**	**53087.00**
采矿业				
非金属矿采选业				
制造业		**86.00**	**186.80**	**53087.00**
农副食品加工业				2565.40
食品制造业				
酒、饮料和精制茶制造业				
纺织业				
纺织服装、服饰业				
皮革、毛皮、羽毛及其制品和制鞋业				
木材加工和木、竹、藤、棕、草制品业				
家具制造业				
造纸和纸制品业				
印刷和记录媒介复制业				
文教、工美、体育和娱乐用品制造业				
石油加工、炼焦和核燃料加工业				
化学原料和化学制品制造业				
医药制造业				1029.00
橡胶和塑料制品业				
非金属矿物制品业			25.00	
黑色金属冶炼和压延加工业				
有色金属冶炼和压延加工业		86.00		673.60
金属制品业				
通用设备制造业				
专用设备制造业				
汽车制造业			150.80	48554.60
电气机械和器材制造业				
计算机、通信和其他电子设备制造业			11.00	264.40
仪器仪表制造业				
其他制造业				
废弃资源综合利用业				
电力、热力、燃气及水生产和供应业				
电力、热力生产和供应业				
燃气生产和供应业				
水的生产和供应业				

1-J-5 分行业外商投资企业技术获取和技术改造情况

单位：万元

行　业	引进技术经费支出	消化吸收经费支出	购买国内技术经费支出	技术改造经费支出
总　计	**6071.40**	**5002.90**	**10940.20**	**235847.70**
采矿业				**632.20**
石油和天然气开采业				
黑色金属矿采选业				632.20
非金属矿采选业				
制造业	**6071.40**	**5002.90**	**10940.20**	**235215.50**
农副食品加工业				159.50
食品制造业				
酒、饮料和精制茶制造业				
纺织服装、服饰业				
皮革、毛皮、羽毛及其制品和制鞋业				
木材加工和木、竹、藤、棕、草制品业				
造纸和纸制品业				4326.60
文教、工美、体育和娱乐用品制造业				
石油加工、炼焦和核燃料加工业				
化学原料和化学制品制造业				
医药制造业	40.50	103.50		
非金属矿物制品业				813.80
黑色金属冶炼和压延加工业				
有色金属冶炼和压延加工业			10.00	120.00
金属制品业				
通用设备制造业	6030.90	4899.40	10930.20	1774.10
专用设备制造业				
汽车制造业				228021.50
电气机械和器材制造业				
计算机、通信和其他电子设备制造业				
仪器仪表制造业				
其他制造业				
电力、热力、燃气及水生产和供应业				
电力、热力生产和供应业				
燃气生产和供应业				
水的生产和供应业				

1-J-6 各地区企业技术获取和技术改造情况

单位：万元

地 区	引进技术经费支出	消化吸收经费支出	购买国内技术经费支出	技术改造经费支出
广西壮族自治区	**6314.90**	**5273.90**	**12810.70**	**634775.80**
南宁市	40.50	189.50	112.70	19215.30
柳州市	4.50		1584.50	511424.20
桂林市		32.00		17528.90
梧州市		23.00		4271.70
北海市		130.00	60.00	5785.80
防城港市				1564.00
钦州市			11.00	4813.40
贵港市	239.00		32.30	4268.20
玉林市	6030.90	4899.40	10990.20	3309.20
百色市				10017.50
贺州市			10.00	1345.80
河池市				32354.50
来宾市				16930.70
崇左市			10.00	1946.60

1-J-7 各地区内资企业技术获取和技术改造情况

单位：万元

地区	引进技术经费支出	消化吸收经费支出	购买国内技术经费支出	技术改造经费支出
广西壮族自治区	**243.50**	**185.00**	**1683.70**	**345841.10**
南宁市			87.70	17512.70
柳州市	4.50		1433.70	234838.10
桂林市		32.00		16715.10
梧州市		23.00		1706.30
北海市		130.00	60.00	5785.80
防城港市				1564.00
钦州市				476.00
贵港市	239.00		32.30	4268.20
玉林市			60.00	1291.50
百色市				10017.50
贺州市			10.00	1345.80
河池市				32195.00
来宾市				16930.70
崇左市				1194.40

1-J-8 各地区港澳台商投资企业技术获取和技术改造情况

单位：万元

地　　区	引进技术经费支出	消化吸收经费支出	购买国内技术经费支出	技术改造经费支出
广西壮族自治区		**86.00**	**186.80**	**53087.00**
南宁市		86.00	25.00	1702.60
柳州市			150.80	48554.60
桂林市				
梧州市				2565.40
北海市				
防城港市				
钦州市			11.00	10.80
贵港市				
玉林市				253.60
百色市				
贺州市				
河池市				
来宾市				
崇左市				

1-J-9 各地区外商投资企业技术获取和技术改造情况

单位：万元

地　区	引进技术经费支出	消化吸收经费支出	购买国内技术经费支出	技术改造经费支出
广西壮族自治区	**6071.40**	**5002.90**	**10940.20**	**235847.70**
南宁市	40.50	103.50		
柳州市				228031.50
桂林市				813.80
梧州市				
北海市				
防城港市				
钦州市				4326.60
贵港市				
玉林市	6030.90	4899.40	10930.20	1764.10
百色市				
贺州市				
河池市				159.50
来宾市				
崇左市			10.00	752.20

第二篇

建筑业企业生产经营及财务状况

2-A-1 各地区全社会建筑业企业个数

单位：个

地　区	合计	总承包和专业承包企业	劳务分包企业	资质以外企业
广西壮族自治区	**23669**	**1481**	**5**	**22183**
南宁市	9001	410		8591
柳州市	1895	104		1791
桂林市	2418	129	1	2288
梧州市	831	44		787
北海市	1372	66	2	1304
防城港市	726	80		646
钦州市	799	98	2	699
贵港市	1139	72		1067
玉林市	1807	129		1678
百色市	1157	131		1026
贺州市	620	56		564
河池市	605	67		538
来宾市	694	52		642
崇左市	605	43		562

2-A-2 各地区全社会建筑业企业期末人数

单位：万人

地　区	合计	总承包和专业承包企业	劳务分包企业	资质以外企业
广西壮族自治区	**110.41**	**96.02**	**0.64**	**13.74**
南宁市	35.30	29.01		6.29
柳州市	22.20	21.38		0.82
桂林市	9.41	7.65	0.64	1.13
梧州市	1.11	0.73		0.38
北海市	2.90	2.20		0.71
防城港市	2.03	1.76		0.27
钦州市	15.98	15.54	0.01	0.44
贵港市	3.21	2.48		0.73
玉林市	10.19	8.97		1.22
百色市	2.02	1.54		0.48
贺州市	0.83	0.62		0.20
河池市	2.20	1.84		0.36
来宾市	1.91	1.60		0.31
崇左市	1.12	0.70		0.42

2-A-3 各地区全社会建筑业企业资产总计

单位：亿元

地　　区	合计	总承包和专业承包企业	劳务分包企业	资质以外企业
广西壮族自治区	**3950.21**	**2903.71**	**0.08**	**1046.42**
南宁市	2276.38	1540.44		735.94
柳州市	451.74	419.58		32.16
桂林市	247.88	200.63	0.08	47.17
梧州市	37.90	28.89		9.01
北海市	83.85	58.16		25.68
防城港市	104.39	91.20		13.19
钦州市	119.20	95.01		24.19
贵港市	125.89	91.51		34.38
玉林市	181.16	126.42		54.74
百色市	78.47	53.47		25.00
贺州市	34.49	25.92		8.57
河池市	98.35	78.96		19.39
来宾市	76.11	67.07		9.04
崇左市	34.40	26.46		7.94

2-A-4 各地区全社会建筑业企业负债合计

单位：亿元

地区	合计	总承包和专业承包企业	劳务分包企业	资质以外企业
广西壮族自治区	**2471.79**	**1941.28**	**0.02**	**530.50**
南宁市	1445.38	1061.35		384.03
柳州市	347.71	335.37		12.35
桂林市	178.20	151.87	0.02	26.32
梧州市	22.88	18.12		4.77
北海市	46.75	31.47		15.27
防城港市	54.84	48.20		6.64
钦州市	60.37	47.97		12.40
贵港市	81.22	59.43		21.79
玉林市	63.09	47.41		15.68
百色市	35.15	26.91		8.24
贺州市	17.98	14.48		3.51
河池市	51.26	38.60		12.66
来宾市	52.34	47.06		5.28
崇左市	14.62	13.04		1.58

2-A-5 各行业全社会建筑业企业个数

单位：个

行业	合计	总承包和专业承包企业	劳务分包企业	资质以外企业
总计	**23669**	**1481**	**5**	**22183**
房屋建筑业	4455	937		3518
土木工程建筑业	3667	316		3351
铁路、道路、隧道和桥梁工程建筑	1121	131		990
水利和水运工程建筑	277	69		208
海洋工程建筑	1			1
工矿工程建筑	70	8		62
架线和管道工程建筑	328	68		260
节能环保工程施工	149	1		148
电力工程施工	182	13		169
建筑安装业	2524	117		2407
建筑装饰、装修和其他建筑业	13023	111	5	12907

2-A-6 各行业全社会建筑业企业期末人数

单位：万人

行　业	合计	总承包和专业承包企业	劳务分包企业	资质以外企业
总　计	**110.41**	**96.02**	**0.64**	**13.74**
房屋建筑业	82.53	79.93		2.60
土木工程建筑业	15.92	13.16		2.76
铁路、道路、隧道和桥梁工程建筑	9.31	8.44		0.87
水利和水运工程建筑	1.85	1.48		0.37
海洋工程建筑				
工矿工程建筑	0.93	0.91		0.03
架线和管道工程建筑	1.90	1.51		0.38
节能环保工程施工	0.13			0.12
电力工程施工	0.25	0.16		0.09
建筑安装业	3.71	2.22		1.48
建筑装饰、装修和其他建筑业	8.26	0.71	0.64	6.91

2-A-7 各行业全社会建筑业企业资产总计

单位：亿元

行业	合计	总承包和专业承包企业	劳务分包企业	资质以外企业
总计	**3950.21**	**2903.71**	**0.08**	**1046.42**
房屋建筑业	1859.67	1613.15		246.53
土木工程建筑业	1670.69	1161.76		508.93
铁路、道路、隧道和桥梁工程建筑	1039.82	854.58		185.23
水利和水运工程建筑	312.76	93.26		219.50
海洋工程建筑				
工矿工程建筑	35.09	33.41		1.68
架线和管道工程建筑	149.35	130.06		19.29
节能环保工程施工	15.06	1.02		14.04
电力工程施工	27.36	19.08		8.27
建筑安装业	161.23	94.86		66.38
建筑装饰、装修和其他建筑业	258.62	33.94	0.08	224.59

2-A-8 各行业全社会建筑业企业负债合计

单位：亿元

行 业	合计	总承包和专业承包企业	劳务分包企业	资质以外企业
总 计	**2471.79**	**1941.28**	**0.02**	**530.50**
房屋建筑业	1127.24	1023.34		103.90
土木工程建筑业	1075.20	827.33		247.87
铁路、道路、隧道和桥梁工程建筑	705.06	614.86		90.20
水利和水运工程建筑	167.68	63.35		104.33
海洋工程建筑				
工矿工程建筑	24.98	23.83		1.16
架线和管道工程建筑	98.80	88.88		9.92
节能环保工程施工	2.53	0.82		1.71
电力工程施工	21.40	16.77		4.63
建筑安装业	102.50	67.90		34.60
建筑装饰、装修和其他建筑业	166.85	22.71	0.02	144.12

2-B-1.1 按经济类型划分的总承

指　　标	单位	合计	内资企业	#国有
企业个数	个	1405	1405	1405
期末人数	万人	122.32	122.30	122.30
自有固定资产原价	亿元	241.46	241.46	241.46
自有固定资产净价	亿元	137.66	137.66	137.66
自有施工机械设备总台数	万台	13.27	13.30	13.30
自有施工机械设备净值	亿元	59.27	59.27	59.27
自有施工机械设备总功率	万千 瓦	325.01	325	325
建筑业总产值	亿元	4401.25	4401.25	4401.25
#本年固定资产折旧	亿元	18.69	18.69	18.69
#应付职工薪酬	亿元	488.51	488.51	488.51
房屋施工面积	万平方米	26135	42.60	42.60
房屋竣工面积	万平方米	8480	26135.10	26135.10
利润总额	亿元	89.13	8480.10	8480.10
税金总额	亿元	132.47	89.13	89.13
按总产值计算劳动生产率	元/人	237378.15	132.47	132.47
技术装备率	元/人	4845.23	4845	4845
动力装备率	千瓦/人	2.66	2.70	2.70
房屋竣工率	%	32.45	32.40	32.40
产值利润率	%	2.03		
产值利税率	%	5.03		

包和专业承包企业主要经济指标

#集体	港澳台商投资企业	#港澳台商独资企业	外商投资企业	#外商独资企业
91	142			
29.60	7.60			
75.95	12.81			
42.02	9.09			
2.70	1.60			
11.76	5.10			
76.70	36.40			
1226.36	220.86			
6.55	0.37			
163.37	19.99			
4.43	5.20			
7053.80	1762.80			
1384.90	780.90			
22.34	5.02			
26.69	11.33			
3969	6746			
2.60	4.80			
19.60	44.30			

2-B-1.2 总承包和专业承包企业主要经济指标完成情况

指　　标	单位	总计（或小计）	小微型企业
建筑业企业个数	个	1405	966
其中：大型企业	个	41	
中型企业	个	398	
小微型企业	个	966	966
期末人数	万人	122.32	17.07
签订合同额	亿元	8720.55	785.86
#本年新签合同额	亿元	4925.92	554.86
建筑业总产值	亿元	4401.25	506.24
建筑工程产值	亿元	3833.72	432.24
安装工程产值	亿元	358.43	47.07
其他产值	亿元	209.10	26.94
竣工产值	亿元	2278.16	290.94
房屋施工面积	万平方米	26135.05	2276.88
房屋竣工面积	万平方米	8480.06	1356.83
年末自有施工机械设备净值	亿元	59.27	16.25
年末自有施工机械设备总功率	万千瓦	325.01	84.60
实收资本	亿元	602.58	133.43
资产总计	亿元	2903.71	478.69
负债合计	亿元	1941.28	216.12
营业收入	亿元	3721.78	413.61
其中：大型企业	亿元	2000.69	
中型企业	亿元	1307.48	
小微型企业	亿元	413.61	413.61
利润总额	亿元	89.13	13.75
其中：大型企业	亿元	36.44	
中型企业	亿元	38.94	
小微型企业	亿元	13.75	13.75
税金总额	亿元	132.47	21.84

2-B-1.3 各地区总承包和专业承包企业签订合同情况

单位：万元

地　　区	签订合同额	上年结转合同额	本年新签合同额
广西壮族自治区	**87205452.90**	**37946288.90**	**49259164**
南宁市	39044366.60	18932420.20	20111946.40
柳州市	15325398.90	7180583.50	8144815.40
桂林市	8311222.90	3842566.20	4468656.70
梧州市	637099.70	255320.20	381779.50
北海市	2010082.60	644405	1365677.60
防城港市	2357483.20	971401.30	1386081.90
钦州市	4073165.00	1306396.80	2766768.20
贵港市	2504275.60	465933.50	2038342.10
玉林市	7372089.80	2577640.40	4794449.40
百色市	1378956.70	446500.50	932456.20
贺州市	627152.30	163564.60	463587.70
河池市	1257162.90	499371.20	757791.70
来宾市	1776310.40	570972.50	1205337.90
崇左市	530686.30	89213	441473.30

2-B-1.4 各地区总承包和专

地　　区	直接从建设单位承揽工程完成的产值
广西壮族自治区	**44372884.00**
南宁市	17303047.40
柳州市	7302328.50
桂林市	3860521.00
梧州市	428294.90
北海市	1121743.90
防城港市	1476105.10
钦州市	2999012.00
贵港市	1777674.10
玉林市	4621851.30
百色市	847483.20
贺州市	369243.60
河池市	862955.80
来宾市	949769.30
崇左市	452853.90

业承包企业承包工程完成情况

单位：万元

		从建设单位以外承揽工程完成的产值
自行完成施工产值	分包出去工程的产值	
42722237.30	**1650646.70**	**1290239.40**
15889001.70	1414045.70	884627.60
7296782.90	5545.60	15166.60
3858421.90	2099.10	116924.50
428294.90		2558.20
1093945.20	27798.70	26966.70
1373984.20	102120.90	115337.40
2998762.00	250.00	1673.60
1776894.70	779.40	29313.30
4562628.20	59223.10	42340.30
839869.00	7614.20	13939.60
369134.50	109.10	9335.10
861556.70	1399.10	3174.90
935101.70	14667.60	12410.00
437859.70	14994.20	16471.60

2-B-1.5 各地区总承包

地　区	建筑业总产值	#装饰装修产值
广西壮族自治区	**44012476.70**	**1434019.30**
南宁市	16773629.30	399768.30
柳州市	7311949.50	101939.30
桂林市	3975346.40	100271.00
梧州市	430853.10	9322.30
北海市	1120911.90	166206.40
防城港市	1489321.60	55186.20
钦州市	3000435.60	94660.90
贵港市	1806208.00	6300.90
玉林市	4604968.50	256716.70
百色市	853808.60	101679.20
贺州市	378469.60	17182.30
河池市	864731.60	5647.90
来宾市	947511.70	117221.70
崇左市	454331.30	1916.20

和专业承包总产值和竣工产值

单位：万元

#在外省完成的产值	按构成分组			竣工产值
	建筑工程产值	安装工程产值	其他产值	
7133278.10	**38337183.00**	**3584289.90**	**2091003.80**	**22781602.30**
3251654.40	14653445.70	1143885.80	976297.80	6838112.90
1796657.30	6499882.60	757441.20	54625.70	4449610.30
585398.20	3328102.90	538083.30	109160.20	2101411.10
44730.00	385427.20	27344.80	18081.10	247155.20
73820.20	935317.00	89732.50	95862.40	628450.50
405223.70	1363299.40	65727.30	60294.90	702202.60
578702.80	2534457.50	255525.80	210452.30	1548320.00
45626.90	1746532.10	40148.00	19527.90	1163499.90
100858.40	3821214.70	384621.50	399132.30	3110326.50
1.00	702565.40	102696.90	48546.30	450973.10
	348355.20	18207.80	11906.60	238917.80
248505.10	736787.50	62810.00	65134.10	547281.10
2100.00	879406.10	60641.50	7464.10	425149.50
0.10	402389.70	37423.50	14518.10	330191.80

2-B-1.6 各地区总承包

地　　区	房屋施工面积
广西壮族自治区	**26135.05**
南宁市	7940.11
柳州市	7335.54
桂林市	3490.79
梧州市	228.68
北海市	531.55
防城港市	509.31
钦州市	958.90
贵港市	1052.05
玉林市	2692.74
百色市	293.31
贺州市	138.43
河池市	259.40
来宾市	635.82
崇左市	68.42

和专业承包企业房屋建筑面积

单位：万平方米

#本年新开工	房屋竣工面积	房屋竣工率（%）
8876.51	**8480.06**	**32.45**
2378.42	1930.20	24.31
1424.59	1683.65	22.95
1007.33	914.07	26.19
131.15	103.95	45.46
269.77	214.86	40.42
302.21	308.48	60.57
534.82	604.79	63.07
637.53	586.93	55.79
1485.08	1475.81	54.81
139.44	170.26	58.05
91.11	94.74	68.44
100.46	132.31	51.01
332.59	204.80	32.21
42.02	55.21	80.69

2-B-1.7 各地区按主要用途分的

地　　区	合计		
		住宅房屋	商业及服务用房屋
广西壮族自治区	**8480.06**	**5244.75**	**549.30**
南宁市	1930.20	1281.00	74.22
柳州市	1683.65	1234.85	74.59
桂林市	914.07	644.63	25.57
梧州市	103.95	52.29	2.34
北海市	214.86	99.52	39.33
防城港市	308.48	198.20	19.81
钦州市	604.79	316.27	45.46
贵港市	586.93	331.87	14.76
玉林市	1475.81	743.36	178.71
百色市	170.26	69.21	13.08
贺州市	94.74	52.66	24.79
河池市	132.31	72.74	11.51
来宾市	204.80	121.11	19.56
崇左市	55.21	27.06	5.59

总承包和专业承包企业房屋竣工面积

单位：万平方米

商厦房屋（批发和零售用房）	宾馆用房屋（住宿用房）	餐饮用房屋（餐饮用房）	商务会展用房屋	其他商业及服务用房屋（居民服务业用房）	办公用房屋
172.73	**48.62**	**9.74**	**22.09**	**296.13**	**630.75**
17.83	1.33	1.50		53.56	89.90
35.95		2.30	5.88	30.47	42.15
9.64	6.19			9.74	22.06
0.24				2.10	4.41
34.03	0.27			5.02	10.82
0.27			6.81	12.73	42.65
22.05	0.11			23.29	80.54
5.57			1.00	8.19	155.69
30.64	38.51	4.72	5.42	99.41	107.01
4.99	2.15	0.89	0.24	4.81	16.83
1.42			2.56	20.81	3.61
1.10		0.29		10.12	24.84
3.85				15.71	19.10
5.16	0.05	0.04	0.18	0.16	11.16

2-B-1.7 续表

地　　区			
	科研、教育和医疗用房屋		
		科学研究用房屋	教育用房屋
广西壮族自治区	**877.28**	**52.15**	**652.17**
南宁市	242.78	5.42	200.70
柳州市	100.38	0.48	72.76
桂林市	78.24	0.94	60.02
梧州市	26.09	0.54	23.68
北海市	41.97	5.42	35.79
防城港市	15.04		6.17
钦州市	75.04	13.95	44.85
贵港市	51.61	0.68	32.80
玉林市	157.17	22.95	106.93
百色市	41.01	0.59	31.12
贺州市	6.32	0.41	4.92
河池市	15.02		13.89
来宾市	18.92	0.41	15.23
崇左市	7.69	0.35	3.31

单位：万平方米

医疗用房屋（卫生医疗用房）	文化、体育和娱乐用房屋	厂房及建筑物	#厂房	仓库	其他未列明的房屋建筑物
172.96	**207.85**	**612.17**	**302.15**	**48.78**	**309.16**
36.65	44.19	158.21	94.49	5.89	34.02
27.13	12.53	157.25	93.17	8.53	53.38
17.28	6.38	47.81	29.15	2.28	87.10
1.87	1.41	17.14	14.44		0.26
0.77	3.41	11.88	0.27	1.67	6.26
8.87	1.92	6.42	0.13	2.48	21.96
16.24	33.40	38.03	30.46	14.98	1.07
18.13	7.71	15.83	4.43	0.05	9.42
27.29	75.99	128.79	15.46	9.72	75.06
9.30	8.86	13.33	8.28	0.42	7.52
0.98	0.71	3.87	1.98	0.74	2.06
1.13	4.53	1.94	0.72	0.03	1.69
3.29	5.10	10.76	8.93	1.78	8.48
4.03	1.69	0.92	0.24	0.20	0.89

2-B-1.8 各地区按主要用途分的

地　　区	合计		
		住宅房屋	商业及服务用房屋
广西壮族自治区	**14276781.20**	**8628449.00**	**876227.10**
南宁市	3312895.10	2130550.30	130420.40
柳州市	3405747.40	2045368.00	217293.00
桂林市	1461103.50	1052871.70	49222.60
梧州市	158156.00	75872.20	5645.50
北海市	451926.40	235768.90	84885.60
防城港市	450137.20	329728.40	26314.60
钦州市	1001309.50	517388.20	84359.40
贵港市	846945.00	507620.10	20570.80
玉林市	2170652.50	1173890.20	155217.40
百色市	277152.60	117136.50	24728.10
贺州市	136397.20	79968.00	31756.50
河池市	212941.90	134719.30	16746.90
来宾市	313797.30	191119.80	22278.00
崇左市	77619.60	36447.40	6788.30

总承包和专业承包企业房屋竣工价值

单位：万元

商厦房屋（批发和零售用房）	宾馆用房屋（住宿用房）	餐饮用房屋（餐饮用房）	商务会展用房屋	其他商业及服务用房屋（居民服务业用房）	办公用房屋
343594.20	**78907.20**	**18562.00**	**35504.30**	**399659.40**	**1011206.70**
39542.80	1960.90	3287.10	0.80	85628.80	180626.80
83801.50		4498.40	13361.70	115631.40	106943.10
19023.50	9653.90			20545.20	47651.20
553.20				5092.30	9116.70
80656.90	395.00			3833.70	25539.60
553.90			9396.50	16364.20	40952.90
45680.90	155.60			38522.90	126455.80
10870.70			400.00	9300.10	183623.80
39674.90	62494.60	8276.80	8209.80	36561.30	175105.90
10581.40	4222.20	2100.70	416.30	7407.50	27193.70
1843.10			3656.20	26257.20	5656.20
1193.10		375.80		15178.00	32741.20
3001.70				19276.30	32965.80
6616.60	25.00	23.20	63.00	60.50	16634.00

2-B-1.8 续表

地　　区	科研、教育和医疗用房屋	科学研究用房屋	教育用房屋
广西壮族自治区	**1590679.70**	**84493.20**	**1185927.20**
南宁市	444394.80	10647.20	353445.30
柳州市	274297.60	1119.00	208548.80
桂林市	149540.60	2372.00	112138.70
梧州市	45324.70	1900.00	40701.00
北海市	43549.60	12131.60	29454.70
防城港市	14541.40		5621.40
钦州市	125641.30	22662.10	77240.90
贵港市	78298.00	767.90	51833.70
玉林市	273811.80	30630.40	195933.20
百色市	63034.80	1019.00	48566.80
贺州市	9967.50	596.30	8189.90
河池市	22371.30		19768.60
来宾市	33561.50	521.50	29125.70
崇左市	12344.80	126.20	5358.50

单位：万元

医疗用房屋（卫生医疗用房）	文化、体育和娱乐用房屋	厂房及建筑物	#厂房	仓库	其他未列明的房屋建筑物
320259.30	**318144.00**	**987290.80**	**466053.70**	**77952.80**	**786831.10**
80302.30	82056.70	257314.40	127245.90	12060.60	75471.10
64629.80	44408.80	258157.90	159631.90	13224.00	446055.00
35029.90	9428.20	70584.20	39162.90	3559.00	78246.00
2723.70	2038.50	19445.80	14062.50		712.60
1963.30	8194.80	27176.30	349.70	4225.40	22586.20
8920.00	1879.30	7698.00	168.60	2677.40	26345.20
25738.30	29142.30	93262.60	80995.60	23132.00	1927.90
25696.40	12903.10	20031.00	4837.30	200.00	23698.20
47248.20	101150.40	194246.00	20187.90	14783.30	82447.50
13449.00	14410.50	21041.60	9416.70	413.20	9194.20
1181.30	896.40	3645.00	1541.40	789.80	3717.80
2602.70	2006.20	1938.30	547.40	52.80	2365.90
3914.30	7045.00	11905.20	7763.80	1975.90	12946.10
6860.10	2583.80	844.50	142.10	859.40	1117.40

2-B-1.9 各地区总承包和专业承包企业施工机械设备情况

地　　区	年末自有施工机械设备总台数（万台）	年末自有施工机械设备总功率（千瓦）	年末自有施工机械设备净值（亿元）	技术装备率（元/人）	动力装备率（千瓦/人）
广西壮族自治区	**13.27**	**3250072.00**	**59.27**	**6184.00**	**3.40**
南宁市	4.56	1055789.00	19.01	6565.30	3.60
柳州市	1.06	105190.00	2.05	961.10	0.50
桂林市	1.17	227415.00	3.58	4691.20	3.00
梧州市	0.19	32299.00	1.35	18574.90	4.40
北海市	0.22	28068.00	0.96	4403.60	1.30
防城港市	0.76	409167.00	3.54	20138.30	23.30
钦州市	1.30	330479.00	5.89	3786.80	2.10
贵港市	0.32	94434.00	2.39	9617.10	3.80
玉林市	1.50	439231.00	7.50	8369.20	4.90
百色市	0.68	78788.00	2.57	16741.90	5.10
贺州市	0.20	43773.00	0.62	9980.80	7.00
河池市	0.67	247729.00	6.75	36710.60	13.50
来宾市	0.46	67918.00	1.10	6902.50	4.20
崇左市	0.19	89792.00	1.95	27896.00	12.80

2-B-1.10 各地区总承包和专业承包企业建筑材料消耗情况

地　区	钢材（吨）	木材（立方米）	水泥（吨）	玻璃		铝材（吨）
				重量箱	平方米	
广西壮族自治区	**15313652**	**14433668**	**36949015**	**1943750**	**24419744**	**1941765**
南宁市	3985038	2236750	9945957	502645	10853387	390217
柳州市	2261333	1024298	4904455	115330	692056	315527
桂林市	1231547	1624902	4144226	360010	1747076	169363
梧州市	315327	434962	343115	30541	211111	31150
北海市	458219	616686	1102609	82064	406062	56559
防城港市	244701	323135	1209589	28384	334184	82994
钦州市	1195477	3422635	4249274	314119	4583684	103522
贵港市	199153	175088	660781	41086	277551	43934
玉林市	3397785	3068149	4381685	230526	4418371	599111
百色市	771332	493203	1200756	100023	256415	46225
贺州市	84416	109466	482912	11575	88542	9021
河池市	253585	396058	1497480	89384	394801	23365
来宾市	500327	361233	1607315	23053	112579	32396
崇左市	415412	147103	1218861	15010	43925	38381

2-B-1.11 各地区总承包和

地　　区	建筑业企业个数（个）	从事建筑业活动的平均人数（人）
广西壮族自治区	**1405**	**1217100**
南宁市	380	419790
柳州市	95	214579
桂林市	125	103703
梧州市	44	10166
北海市	63	25738
防城港市	78	41767
钦州市	94	154065
贵港市	67	41322
玉林市	125	104060
百色市	123	29357
贺州市	56	10622
河池市	63	22791
来宾市	51	27013
崇左市	41	12127

专业承包企业主要生产效益指标

按总产值计算劳动生产率（元/人）	人均竣工产值（元/人）	人均施工面积（平方米/人）	人均竣工面积（平方米/人）
359802.20	**187179.40**	**214.70**	**69.70**
406970.90	162893.70	189.10	46.00
311063.40	207364.70	341.90	78.50
410608.40	202637.40	336.60	88.10
532574.90	243119.40	224.90	102.20
406908.90	244172.20	206.50	83.50
366430.90	168123.80	121.90	73.90
175239.60	100497.80	62.20	39.30
500099.10	281569.10	254.60	142.00
460262.10	298897.40	258.80	141.80
314154.30	153616.90	99.90	58.00
377300.00	224927.30	130.30	89.20
397815.50	240130.40	113.80	58.10
383654.60	157387.00	235.40	75.80
382015.70	272278.20	56.40	45.50

2-B-1.12 各地区总承包和专业承包企业营业收入

单位：万元

地区	营业收入	建筑业企业在境外完成的营业收入	企业总产值	建筑业总产值
广西壮族自治区	**37217750.10**	**356990.30**	**46107703.90**	**44012476.70**
南宁市	14973283.90	158646.10	17486266.10	16773629.30
柳州市	6296350.50	151367.70	8012560.90	7311949.50
桂林市	3188567.90	4890.40	4302182.40	3975346.40
梧州市	360136.50	5643.80	440490.70	430853.10
北海市	1017319.90	5768.10	1162003.30	1120911.90
防城港市	1305013.90	14100.90	1573645.40	1489321.60
钦州市	1399546.90	8400.00	3062716.80	3000435.60
贵港市	1460219.90	2058.70	1824869.50	1806208.00
玉林市	3945381.40		4656115.80	4604968.50
百色市	840465.20	5882.60	885367.70	853808.60
贺州市	398757.30		381083.80	378469.60
河池市	951339.70		883673.30	864731.60
来宾市	620767.20	232.00	970764.00	947511.70
崇左市	460599.90		465964.20	454331.30

2-B-1.13 各地区总承包和专业承包企业资产构成

单位：万元

地　　区	资产总计	流动资产总计	
			#存货
广西壮族自治区	**29037068.80**	**23229764.30**	**3592340.00**
南宁市	15404419.90	11654176.30	1512635.60
柳州市	4195753.90	3687827.60	837163.30
桂林市	2006274.20	1832757.90	344636.70
梧州市	288896.70	237589.00	43842.60
北海市	581636.90	503009.00	51310.60
防城港市	911958.90	752328.30	156270.20
钦州市	950081.60	787320.80	91914.60
贵港市	915094.50	753563.50	119704.80
玉林市	1264197.70	950256.20	137543.40
百色市	534717.80	381300.60	46750.50
贺州市	259178.40	210362.20	45742.40
河池市	789597.40	659007.30	68233.00
来宾市	670682.90	627253.00	130032.20
崇左市	264578.00	193012.60	6560.10

2-B-1.14 各地区总承包和专业承包企业固定资产情况

单位：万元

地　　区	固定资产原价	固定资产折旧	#本年折旧	在建工程
广西壮族自治区	**2414581.70**	**1056189.40**	**186896.70**	**353808.30**
南宁市	1053437.70	503753.70	70513.40	69362.30
柳州市	274273.80	118999.40	20574.10	71061.60
桂林市	148985.10	72708.30	10908.60	28378.90
梧州市	42295.50	21449.10	1583.60	1598.50
北海市	35495.50	15149.30	1983.60	87021.10
防城港市	107733.70	44250.50	5769.10	2009.00
钦州市	211002.90	82919.70	30203.00	15291.20
贵港市	65810.50	23709.40	3355.90	26155.50
玉林市	219701.20	82908.00	12595.30	8107.10
百色市	50756.20	14855.80	2937.80	22026.90
贺州市	28462.00	5493.10	959.70	111.50
河池市	119596.20	42378.50	11268.10	10436.10
来宾市	24185.00	10496.20	1936.30	8265.00
崇左市	32846.40	17118.40	12308.20	3983.60

2-B-1.15 各地区总承包和专业承包企业负债及所有者权益

单位：万元

地 区	负债合计	#流动负债	#应付账款	所有者权益合计	#实收资本
广西壮族自治区	**19412761.60**	**16566078.30**	**5300646.70**	**9625683.50**	**6025778.50**
南宁市	10613517.60	9135840.00	2742299.10	4790902.30	2976197.30
柳州市	3353691.70	2955211.90	806692.80	842062.20	631166.20
桂林市	1518666.30	1336858.00	618307.40	487607.90	311950.90
梧州市	181163.00	153986.90	60078.50	107733.70	70900.30
北海市	314742.30	277781.50	137129.10	266894.60	156912.10
防城港市	481987.40	412389.20	96947.10	431276.10	272994.30
钦州市	479660.10	417269.50	127256.90	470421.50	346605.00
贵港市	594289.30	274227.60	98993.60	320864.60	175225.00
玉林市	474083.90	410689.50	121154.80	790113.80	464543.70
百色市	269136.30	189614.50	67813.60	265581.50	169478.70
贺州市	144769.00	134009.60	24500.40	114409.40	90260.80
河池市	386001.80	364903.10	191487.40	403595.60	152349.30
来宾市	470616.20	406872.10	179408.60	200066.70	141556.30
崇左市	130436.70	96424.90	28577.40	134153.60	65638.60

2-B-1.16 各地区总承包和专业承包企业实收资本

单位：万元

地　　区	合计	国家资本	集体资本	法人资本	个人资本	港澳台资本	外商资本
广西壮族自治区	**6025778.50**	**2193281.40**	**300683.70**	**1450542.30**	**2080250.00**	**10.30**	**10.20**
南宁市	2976197.30	1701616.20	48445.50	457480.90	768634.70	10.00	10.00
柳州市	631166.20	342945.40	11236.80	159193.70	117790.30		
桂林市	311950.90	64710.50	26151.40	111719.00	109370.00		
梧州市	70900.30	399.60	13357.00	15816.00	41327.70		
北海市	156912.10	3508.40	15731.00	60831.50	76841.20		
防城港市	272994.30	9793.50	3386.20	127014.30	131799.60	0.10	
钦州市	346605.00	2003.00	25517.10	178541.20	140543.70		
贵港市	175225.00	21919.20	15256.30	55468.70	82580.80		
玉林市	464543.70	11081.20	49831.80	112407.50	291223.00	0.10	0.10
百色市	169478.70	14311.00	34260.90	51085.40	69821.20	0.10	0.10
贺州市	90260.80	10881.80	5632.30	23329.60	50417.10		
河池市	152349.30	5591.90	11154.80	57034.10	78568.50		
来宾市	141556.30	3667.70	34946.40	20240.90	82701.30		
崇左市	65638.60	852.00	5776.20	20379.50	38630.90		

2-B-1.17 各地区总承包和专业承包企业收入情况

单位：万元

地　　区	主营业务收入	#主营业务成本	#主营业务税金及附加	其他业务收入	#其他业务利润
广西壮族自治区	**36749715.60**	**34123309.70**	**425985.10**	**468034.50**	**24152.30**
南宁市	14734931.80	13633322.60	190325.00	238352.10	14773.90
柳州市	6245184.80	5965338.90	23948.20	51165.70	2204.00
桂林市	3167312.90	2997545.30	26884.80	21255.00	3091.70
梧州市	358801.00	315264.20	7085.40	1335.50	66.80
北海市	992976.50	933146.00	5469.50	24343.40	1277.10
防城港市	1291955.00	1192241.20	9561.00	13058.90	497.90
钦州市	1339908.40	1206329.60	12971.90	59638.50	294.70
贵港市	1459102.20	1363975.80	11574.40	1117.70	160.60
玉林市	3937627.00	3622051.20	88264.20	7754.40	552.90
百色市	828993.30	739949.60	14730.80	11471.90	159.70
贺州市	394070.40	365145.00	5444.00	4686.90	190.70
河池市	949014.20	819906.30	14562.90	2325.50	379.30
来宾市	589463.10	552941.30	6114.20	31304.10	481.00
崇左市	460375.00	416152.70	9048.80	224.90	22.00

2-B-1.18 各地区总承包和专业承包企业费用情况

单位：万元

地区	管理费用	销售费用	财务费用	#利息收入	#利息支出
广西壮族自治区	**1075372.80**	**54045.30**	**292357.60**	**20519.40**	**270085.87**
南宁市	558828.80	21737.90	171000.20	12179.70	157979.30
柳州市	126231.30	2082.40	85503.80	5441.60	87446.00
桂林市	66733.10	1694.50	8534.90	1530.70	7741.20
梧州市	13826.80	3283.90	2163.40	62.20	1012.80
北海市	25126.50	933.70	1175.50	139.20	481.00
防城港市	38427.00	1246.50	6098.40	79.90	4216.10
钦州市	31467.10	1819.20	1701.20	172.50	471.20
贵港市	24176.60	216.60	1910.00	-134.90	881.07
玉林市	95676.30	9684.50	5156.00	243.50	2918.20
百色市	21832.90	1003.00	2420.80	560.10	1423.20
贺州市	9196.20	1330.00	325.10	20.40	156.50
河池市	33511.80	7728.80	903.00	77.90	348.40
来宾市	19485.70	471.40	5149.80	102.50	4695.80
崇左市	10852.70	812.90	315.50	44.10	315.10

2-B-1.19 各地区总承包和专业承包企业利润及税金情况

单位：万元

地　区	利润总额	#应缴所得税	税金总额	主营业务税金及附加	应缴增值税
广西壮族自治区	**891298.90**	**309852.40**	**1324680.50**	**425985.10**	**898695.40**
南宁市	320514.50	103932.50	492481.40	190325.00	302156.40
柳州市	52751.60	13020.00	157582.50	23948.20	133634.30
桂林市	62573.80	29500.70	131815.30	26884.80	104930.50
梧州市	17450.40	5095.90	19406.60	7085.40	12321.20
北海市	30700.60	14444.40	31117.00	5469.50	25647.50
防城港市	44192.70	14486.30	38438.20	9561.00	28877.20
钦州市	55720.90	23010.00	54101.80	12971.90	41129.90
贵港市	57568.80	24229.40	58661.70	11574.40	47087.30
玉林市	85299.80	33579.30	181102.40	88264.20	92838.20
百色市	46879.80	13817.90	44623.40	14730.80	29892.60
贺州市	12312.00	6865.30	17602.40	5444.00	12158.40
河池市	72935.00	17993.70	47751.80	14562.90	33188.90
来宾市	9874.20	3941.50	28702.00	6114.20	22587.80
崇左市	22524.80	5935.50	21294.00	9048.80	12245.20

2-B-1.20 各地区总承包和专业承包企业应收工程款及企业亏损情况

单位：万元

地　区	应收工程款（万元）	企业个数（个）	#亏损企业个数	亏损企业的比重（%）
广西壮族自治区	**5892339.30**	**1405**	**255**	**18.15**
南宁市	2523116.10	380	70	18.42
柳州市	927938.30	95	19	20.00
桂林市	513574.70	125	24	19.20
梧州市	77578.90	44	7	15.91
北海市	145643.70	63	13	20.63
防城港市	218472.50	78	20	25.64
钦州市	213554.20	94	14	14.89
贵港市	218621.50	67	12	17.91
玉林市	228407.80	125	17	13.60
百色市	126590.40	123	25	20.33
贺州市	57155.60	56	5	8.93
河池市	455301.70	63	10	15.87
来宾市	113761.10	51	13	25.49
崇左市	72622.80	41	6	14.63

2-B-1.21 各地区总承包和专业承包企业主要经济效益指标

单位：%

地　区	产值利润率	产值利税率	资本利润率	资本利税率	人均利润（元/人）	人均利税（元/人）	资产负债率
广西壮族自治区	**2.00**	**5.00**	**14.80**	**36.80**	**7323.14**	**18207.04**	**66.90**
南宁市	1.90	4.80	10.70	27.20	7632.72	19397.04	68.90
柳州市	0.70	2.90	8.60	33.50	2537.43	9866.24	79.70
桂林市	1.60	4.90	20.10	62.30	6033.94	18744.79	75.70
梧州市	4.10	8.60	24.60	52.00	17165.45	36255.16	62.70
北海市	2.70	5.50	20.00	40.50	11868.77	24026.57	52.80
防城港市	3.00	5.50	16.10	30.20	10504.32	19645.77	52.80
钦州市	1.90	3.70	16.10	31.70	3616.71	7128.34	50.50
贵港市	3.20	6.40	33.80	68.20	13900.81	28075.09	65.30
玉林市	1.90	5.80	18.40	57.30	8197.17	25600.83	37.50
百色市	5.50	10.70	27.70	54.00	15968.87	31169.12	50.30
贺州市	3.30	7.90	13.60	33.10	11591.04	28162.68	55.90
河池市	8.40	14.00	47.90	79.20	32001.67	52953.71	48.90
来宾市	1.00	4.10	7.00	27.30	3655.35	14280.61	70.20
崇左市	5.00	9.60	34.30	66.80	18574.09	36133.26	49.30

2-B-2.1 各地区国有总承包和专业承包企业签订合同情况

单位：万元

地　区	签订合同额		
		上年结转合同额	本年新签合同额
广西壮族自治区	**33240485.40**	**15962704.40**	**17277781.00**
南宁市	18040543.30	8477536.40	9563006.90
柳州市	10111010.20	5057716.60	5053293.60
桂林市	4317257.40	2108366.00	2208891.40
梧州市	11778.50	3664.00	8114.50
北海市	175778.20	59937.70	115840.50
防城港市	4665.00	265.80	4399.20
钦州市			
贵港市	7113.60		7113.60
玉林市	268903.50	130954.40	137949.10
百色市	217102.10	99611.60	117490.50
贺州市	10273.20	2603.00	7670.20
河池市	39258.10	18748.80	20509.30
来宾市	1430.00		1430.00
崇左市	35372.30	3300.10	32072.20

2-B-2.2 各地区国有总承包和专业承包企业承包工程完成情况

单位：万元

地　区	直接从建设单位承揽工程完成的产值			从建设单位以外承揽工程完成的产值
		自行完成施工产值	分包出去工程的产值	
广西壮族自治区	**12900642.10**	**11693930.30**	**1206711.80**	**569679.70**
南宁市	6737386.10	5531630.00	1205756.10	484903.30
柳州市	4198825.50	4198825.50		3505.90
桂林市	1634952.20	1634952.20		79573.30
梧州市	9281.30	9281.30		
北海市	42996.10	42996.10		
防城港市	4084.40	4084.40		
钦州市				
贵港市	9821.00	9821.00		
玉林市	92991.70	92991.70		
百色市	85486.80	84531.10	955.70	97.20
贺州市	10173.10	10173.10		
河池市	27279.90	27279.90		
来宾市				1600.00
崇左市	47364.00	47364.00		

2-B-2.3 各地区国有企业总承包和专业承包总产值和竣工产值

单位：万元

地　区	建筑业总产值	#装饰装修产　值	#在外省完成的产值	按构成分组			竣工产值
				建筑工程产值	安装工程产　值	其他产值	
广西壮族自治区	**12263610.00**	**176664.20**	**3438085.00**	**10143908.90**	**1525168.60**	**594532.50**	**5670896.90**
南宁市	6016533.30	49967.50	1722316.60	5108284.00	369874.90	538374.40	2234772.00
柳州市	4202331.40	69107.70	1188182.80	3491414.00	697797.20	13120.20	2331218.60
桂林市	1714525.50	20971.00	501300.60	1267560.80	436446.30	10518.40	897581.80
梧州市	9281.30			1370.00		7911.30	11100.30
北海市	42996.10	7894.10		31210.50	6426.00	5359.60	9755.20
防城港市	4084.40			4084.40			1560.00
钦州市							
贵港市	9821.00			9821.00			9821.00
玉林市	92991.70		26285.00	78871.40		14120.30	57871.70
百色市	84628.30	28723.90		67653.00	11847.00	5128.30	74531.90
贺州市	10173.10			9954.90	218.20		8340.20
河池市	27279.90			27279.90			27980.20
来宾市	1600.00			115.00	1485.00		
崇左市	47364.00			46290.00	1074.00		6364.00

2-B-2.4 各地区国有总承包和专业承包企业房屋建筑面积

地　区	房屋施工面积（万平方米）	#本年新开工	房屋竣工面积（万平方米）	房屋竣工率（%）
广西壮族自治区	**7053.82**	**2062.42**	**1384.90**	**19.63**
南宁市	1573.52	677.28	257.62	16.37
柳州市	3612.96	905.96	769.22	21.29
桂林市	1621.93	355.23	309.73	19.10
梧州市	2.89			
北海市	95.33	60.35	4.05	4.25
防城港市	0.39			
钦州市				
贵港市	0.51	0.51	0.49	96.08
玉林市	61.39	36.19	7.26	11.83
百色市	50.70	20.90	27.32	53.89
贺州市	6.80			
河池市	25.14	5.20	7.07	28.12
来宾市				
崇左市	2.25	0.80	2.13	94.67

2-B-2.5 各地区按主要用途分的国

地　区	合计			
		住宅房屋	商业及服务用房屋	办公用房屋
广西壮族自治区	**1384.90**	**1091.69**	**37.12**	**19.37**
南宁市	257.62	216.75		3.38
柳州市	769.22	587.41	24.07	12.88
桂林市	309.73	259.65	6.74	0.57
梧州市				
北海市	4.05	1.02	2.51	
防城港市				
钦州市				
贵港市	0.49	0.12		
玉林市	7.26	0.50		
百色市	27.32	20.45	3.48	0.69
贺州市				
河池市	7.07	5.06	0.32	0.44
来宾市				
崇左市	2.13	0.72		1.41

有总承包和专业承包企业房屋竣工面积

单位：万平方米

科研、教育和医疗用房屋	文化、体育和娱乐用房屋	厂房及建筑物	仓库	其他未列明的房屋建筑物
83.56	**17.13**	**95.98**	**4.29**	**35.76**
11.48	5.05	20.95		
38.02	9.94	70.08	3.69	23.14
24.73	1.06	4.82	0.45	11.72
0.52				
				0.37
5.99	0.26	0.01		0.50
1.57	0.82	0.12	0.15	0.04
1.25				

2-B-2.6 各地区按主要用途分的国

地区	合计			
		住宅房屋	商业及服务用房屋	办公用房屋
广西壮族自治区	**2650900.70**	**1881124.10**	**84062.70**	**37766.90**
南宁市	520957.10	413969.60		4435.00
柳州市	1554642.60	1012473.50	62453.40	27844.20
桂林市	487823.40	402504.60	11725.80	984.00
梧州市				
北海市	5002.70	1978.20	2176.50	
防城港市				
钦州市				
贵港市	1482.40	852.50		
玉林市	12003.00	352.70		
百色市	52134.40	37810.00	7263.00	1230.00
贺州市				
河池市	13023.50	9892.80	444.00	732.30
来宾市				
崇左市	3831.60	1290.20		2541.40

有总承包和专业承包企业房屋竣工价值

单位：万元

科研、教育和医疗用房屋	文化、体育和娱乐用房屋	厂房及建筑物	仓库	其他未列明的房屋建筑物
188496.40	**47024.30**	**205800.60**	**11721.50**	**194904.20**
27183.20	6257.30	69112.00		
101068.00	36888.40	131016.90	10312.90	172585.30
47465.00	1489.00	5285.60	1300.00	17069.40
848.00				
				629.90
6320.30	600.00	130.00		4600.00
3657.50	1789.60	256.10	108.60	19.60
1954.40				

2-B-2.7 各地区国有总承包和专业承包企业施工机械设备情况

地　区	年末自有施工机械设备总台数（万台）	年末自有施工机械设备总功率（千瓦）	年末自有施工机械设备净值（亿元）	技术装备率（元/人）	动力装备率（千瓦/人）
广西壮族自治区	**2.74**	**766846.00**	**11.76**	**4945.40**	**3.20**
南宁市	1.32	465798.00	8.66	11202.80	6.00
柳州市	0.31	53828.00	0.87	783.90	0.50
桂林市	0.71	119496.00	1.34	3289.80	2.90
梧州市	0.01	3781.00	0.03	11605.30	14.20
北海市		20.00		853.70	
防城港市	0.01	4724.00	0.06	25075.60	21.00
钦州市					
贵港市					
玉林市	0.16	101700.00	0.44	14711.80	34.10
百色市	0.20	13261.00	0.34	11897.20	4.60
贺州市		2.00		79.20	
河池市		98.00		21.20	0.10
来宾市					
崇左市	0.01	4138.00	0.02	1781.40	4.10

2-B-2.8 各地区国有总承包和专业承包企业主要生产效益指标

地　区	建筑业企业个数（个）	从事建筑业活动的平均人数（人）	按总产值计算劳动生产率（元/人）	人均竣工产值（元/人）	人均施工面积（平方米/人）	人均竣工面积（平方米/人）
广西壮族自治区	**91**	**282087**	**413761.80**	**201033.60**	**250.10**	**49.10**
南宁市	36	105962	531871.80	210903.20	148.50	24.30
柳州市	14	123946	324026.40	188083.40	291.50	62.10
桂林市	13	41546	416703.20	216045.30	390.40	74.60
梧州市	3	301	400056.00	368780.70	96.00	
北海市	4	1300	162679.20	75040.00	733.30	31.20
防城港市	2	141	263509.70	110638.30	27.70	
钦州市						
贵港市	2	586	168167.80	167593.90	8.80	8.40
玉林市	4	3259	275857.90	177575.00	188.40	22.30
百色市	5	3320	249273.30	224493.70	152.70	82.30
贺州市	3	210	1271637.50	397152.40	324.00	
河池市	2	864	291451.90	323844.90	291.00	81.80
来宾市	1	21	761904.80			
崇左市	2	631	464352.90	100855.80	35.70	33.70

2-B-2.9 各地区国有总承包和专业承包企业营业收入

单位：万元

地　区	营业收入	在境外完成的营业收入	企业总产值	建筑业总产值
广西壮族自治区	**11407503.30**	**203688.10**	**13114867.40**	**12263610.00**
南宁市	6303111.60	116474.40	6301400.80	6016533.30
柳州市	3447442.90	76622.60	4765697.80	4202331.40
桂林市	1347068.60	4823.00	1714583.30	1714525.50
梧州市	10057.90		10696.60	9281.30
北海市	94993.90	5768.10	44322.60	42996.10
防城港市	4084.40		4084.40	4084.40
钦州市				
贵港市	3620.00		9821.00	9821.00
玉林市	69803.40		93171.70	92991.70
百色市	67645.00		84628.30	84628.30
贺州市	16764.20		10173.10	10173.10
河池市	10749.40		27323.80	27279.90
来宾市	730.60		1600.00	1600.00
崇左市	31431.40		47364.00	47364.00

2-B-2.10 各地区国有总承包和专业承包企业资产构成

单位：万元

地 区	资产总计	流动资产总计	#存货
广西壮族自治区	**11235555.50**	**7844925.30**	**1347438.10**
南宁市	8125720.50	5173981.80	799097.90
柳州市	2213834.80	1961078.10	359185.30
桂林市	599536.90	547372.80	157111.30
梧州市	33450.90	26262.00	10041.00
北海市	19845.70	17755.40	3279.80
防城港市	4363.30	3347.20	
钦州市			
贵港市	4873.40	2649.00	339.10
玉林市	49700.90	35417.90	34.90
百色市	69508.70	23095.80	4601.10
贺州市	39592.80	23453.10	12316.50
河池市	15304.50	5165.20	289.40
来宾市	1366.00	1337.60	720.10
崇左市	58457.10	24009.40	421.70

2-B-2.11 各地区国有总承包和专业承包企业固定资产情况

单位：万元

地　　区	固定资产原价	固定资产折旧	#本年折旧	在建工程
广西壮族自治区	**759492.10**	**367367.30**	**65489.00**	**45547.60**
南宁市	511983.70	261271.60	36991.60	9210.50
柳州市	114564.20	42326.70	12921.30	27190.30
桂林市	76631.70	42940.50	3053.80	6311.90
梧州市	7668.90	1217.90	63.60	623.50
北海市	2479.50	1023.80	-28.40	
防城港市	1561.90	986.40	564.30	
钦州市				
贵港市	2392.50	314.90	8.30	
玉林市	12773.80	2273.30	22.00	
百色市	4988.70	1417.90	160.60	2184.20
贺州市	8918.20	856.80	64.90	22.40
河池市	3587.70	874.90	18.50	4.80
来宾市	40.40	13.20		
崇左市	11900.90	11849.40	11648.50	

2-B-2.12 各地区国有总承包和专业承包企业负债及所有者权益

单位：万元

地　区	负债合计	#流动负债	#应付账款	所有者权益合计	#实收资本
广西壮族自治区	**8758341.40**	**7528456.90**	**2393021.40**	**2477214.10**	**1857463.80**
南宁市	6374029.70	5456845.80	1651765.90	1751690.80	1387466.00
柳州市	1763171.20	1496877.60	535905.80	450663.60	311752.00
桂林市	456290.20	444865.70	178526.40	143246.70	106856.50
梧州市	31293.10	31287.80	1054.40	2157.80	453.40
北海市	12971.60	12971.50	2059.20	6874.10	3508.40
防城港市	2408.00	242.80	37.80	1955.30	1913.00
钦州市					
贵港市	1897.10	1897.10	1028.10	2976.30	909.10
玉林市	31871.40	31862.00	8531.80	17829.50	11081.10
百色市	37059.70	14105.50	12313.20	32449.00	15198.60
贺州市	29029.90	25242.50	160.30	10562.90	10881.80
河池市	4603.30	4238.80	841.00	10701.20	5591.90
来宾市	599.70	599.70	28.40	766.30	1000.00
崇左市	13116.50	7420.10	769.10	45340.60	852.00

2-B-2.13 各地区国有总承包和专业承包企业实收资本

单位：万元

地　区	合计	国家资本	集体资本	法人资本	个人资本	港澳台资本	外商资本
广西壮族自治区	**1857463.80**	**1631448.50**	**2211.00**	**223804.30**			
南宁市	1387466.00	1307622.10		79843.90			
柳州市	311752.00	222845.40		88906.60			
桂林市	106856.50	54645.50	2211.00	50000.00			
梧州市	453.40	399.60		53.80			
北海市	3508.40	3508.40					
防城港市	1913.00	1913.00					
钦州市							
贵港市	909.10	909.10					
玉林市	11081.10	11081.10					
百色市	15198.60	10198.60		5000.00			
贺州市	10881.80	10881.80					
河池市	5591.90	5591.90					
来宾市	1000.00	1000.00					
崇左市	852.00	852.00					

2-B-2.14 各地区国有总承包和专业承包企业收入情况

单位：万元

地　　区	主营业务收入	#主营业务成本	#主营业务税金及附　　加	其他业务收入	#其他业务利润
广西壮族自治区	**11347441**	**10657970**	**44334**	**60062.50**	**3829**
南宁市	6262968	5776549	22256	40143.40	3542
柳州市	3441884	3306578	11086	5558.70	-964
桂林市	1337336	1293687	5224	9732.10	465
梧州市	9864	8481	75	193.60	
北海市	92900	90220	728	2094.30	592
防城港市	4084	3189	105		
钦州市					
贵港市	3619	3084	28	0.90	1
玉林市	69662	65153	1011	141.50	123
百色市	65760	58302	3171	1885.20	
贺州市	16764	15906	454		
河池市	10654	9321	71	95.10	48
来宾市	731	398	1		
崇左市	31214	27103	125	217.70	22

2-B-2.15 各地区国有总承包和专业承包企业费用情况

单位：万元

地区	管理费用	销售费用	财务费用	#利息收入	#利息支出
广西壮族自治区	**323112.00**	**7735.30**	**167122.50**	**13531.80**	**164103.70**
南宁市	236736.60	6169.40	118471.90	8843.00	112171.30
柳州市	51774.20	930.00	45754.60	3915.10	48107.10
桂林市	24221.10	368.60	2564.20	672.40	3570.70
梧州市	988.40		−3.70	−0.90	
北海市	1279.00	254.00	−57.50	57.90	
防城港市	285.90		160.10		160.00
钦州市					
贵港市	478.40	1.20	4.50	1.30	
玉林市	2455.20		14.80	-5.80	18.10
百色市	1036.60	12.10	173.90	1.90	
贺州市	656.90		−17.50	18.60	−0.10
河池市	1156.70		−2.10	1.40	2.60
来宾市	272.40		−0.40		
崇左市	1770.60		59.70	26.90	74.00

2-B-2.16 各地区国有总承包和专业承包企业利润及税金情况

单位：万元

地　区	利润总额	#应缴所得税	税金总额	主营业务税金及附加	应缴增值税
广西壮族自治区	**223446.00**	**36015.80**	**266872.80**	**44334.40**	**222538.40**
南宁市	171972.70	24070.60	129935.20	22256.30	107678.90
柳州市	30406.90	4426.40	77998.50	11086.50	66912.00
桂林市	11947.80	3314.30	41982.00	5224.20	36757.80
梧州市	555.70	153.80	528.20	74.70	453.50
北海市	1529.70	1633.70	3622.60	728.10	2894.50
防城港市	333.90	131.90	300.10	104.80	195.30
钦州市					
贵港市	17.20	10.60	263.00	27.80	235.20
玉林市	1128.20	877.30	3964.70	1010.60	2954.10
百色市	3388.70	961.30	5153.40	3170.80	1982.60
贺州市	−227.20	179.40	788.30	453.70	334.60
河池市	25.00	29.40	992.00	71.20	920.80
来宾市	60.30	−3.50	67.20	0.90	66.30
崇左市	2307.10	230.60	1277.60	124.80	1152.80

2-B-2.17 各地区国有总承包和专业承包企业应收工程款及企业亏损情况

地　区	应收工程款（万元）	企业个数（个）	#亏损企业个数	亏损企业的比重（%）
广西壮族自治区	**1942489**	**91**	**14**	**15.38**
南宁市	1250954	36	4	11.11
柳州市	573749	14	2	14.29
桂林市	77464	13	1	7.69
梧州市	2748	3		
北海市	192	4	1	25.00
防城港市	525	2	1	50.00
钦州市				
贵港市	428	2		
玉林市	16746	4		
百色市	14774	5	2	40.00
贺州市	2425	3	2	66.67
河池市	462	2	1	50.00
来宾市	363	1		
崇左市	1660	2		

2-B-2.18 各地区国有总承包和专业承包企业主要经济效益指标

地　　区	产值利润率（%）	产值利税率（%）	资本利润率（%）	资本利税率（%）	人均利润（元/人）	人均利税（元/人）	资产负债率（%）
广西壮族自治区	**1.80**	**4.00**	**12.00**	**26.40**	**7921.00**	**17382.00**	**78.00**
南宁市	2.90	5.00	12.40	21.80	16230.00	28492.00	78.40
柳州市	0.70	2.60	9.80	34.80	2453.00	8746.00	79.60
桂林市	0.70	3.10	11.20	50.50	2876.00	12981.00	76.10
梧州市	6.00	11.70	122.60	239.10	18462.00	36010.00	93.50
北海市	3.60	12.00	43.60	146.90	11767.00	39633.00	65.40
防城港市	8.20	15.50	17.50	33.10	23681.00	44965.00	55.20
钦州市							
贵港市	0.20	2.90	1.90	30.80	294.00	4782.00	38.90
玉林市	1.20	5.50	10.20	46.00	3462.00	15627.00	64.10
百色市	4.00	10.10	22.30	56.20	10207.00	25729.00	53.30
贺州市	-2.20	5.50	-2.10	5.20	-10819.00	26719.00	73.30
河池市	0.10	3.70	0.40	18.20	289.00	11771.00	30.10
来宾市	3.80	8.00	6.00	12.80	28714.00	60714.00	43.90
崇左市	4.90	7.60	270.80	420.70	36563.00	56810.00	22.40

2-B-2.19 各地区集体总承包和专业承包企业签订合同情况

单位：万元

地区	签订合同额		
		上年结转合同额	本年新签合同额
广西壮族自治区	**2983961.50**	**844557.40**	**2139404.10**
南宁市	217776.50	64670.70	153105.80
柳州市	70822.50	14298.70	56523.80
桂林市	244008.70	64908.50	179100.20
梧州市	86610.80	18924.40	67686.40
北海市	428418.20	106905.30	321512.90
防城港市	1653.10	182.00	1471.10
钦州市	348686.30	111994.60	236691.70
贵港市	258011.30	119221.70	138789.60
玉林市	777854.70	226274.20	551580.50
百色市	186156.60	45832.80	140323.80
贺州市	18319.30	2920.40	15398.90
河池市	73021.30	21141.60	51879.70
来宾市	234496.80	38489.20	196007.60
崇左市	38125.40	8793.30	29332.10

2-B-2.20 各地区集体总承包和专业承包企业承包工程完成情况

单位：万元

地　　区	直接从建设单位承揽工程完成的产值	自行完成施工产值	分包出去工程的产值	从建设单位以外承揽工程完成的产值
广西壮族自治区	**2205365.40**	**2203290.20**	**2075.20**	**5310.20**
南宁市	190871.30	190871.30		
柳州市	61305.30	61305.30		
桂林市	206018.90	206018.90		133.10
梧州市	73326.20	73326.20		58.20
北海市	360258.20	360258.20		
防城港市	1057.60	1055.60	2.00	2.00
钦州市	197233.00	197233.00		1506.30
贵港市	116938.70	116938.70		
玉林市	556104.40	554184.40	1920.00	2148.00
百色市	127410.50	127410.50		
贺州市	15425.60	15425.60		
河池市	63959.20	63959.20		
来宾市	200578.30	200578.30		
崇左市	34878.20	34725.00	153.20	1462.60

2-B-2.21 各地区集体企业总

地　　区	建筑业总产值		
		#装饰装修产值	#在外省完成的产值
广西壮族自治区	**2208600.40**	**93683.30**	**10150.60**
南宁市	190871.30	13164.70	1027.00
柳州市	61305.30	1176.20	
桂林市	206152.00	28846.60	
梧州市	73384.40	4170.00	
北海市	360258.20		
防城港市	1057.60		
钦州市	198739.30	9743.90	
贵港市	116938.70	860.90	
玉林市	556332.40	29835.50	9123.60
百色市	127410.50	1985.60	
贺州市	15425.60		
河池市	63959.20	800.00	
来宾市	200578.30	2104.70	
崇左市	36187.60	995.20	

承包和专业承包总产值和竣工产值

单位：万元

按构成分组			竣工产值
建筑工程产值	安装工程产值	其他产值	
2075962.50	**43367.70**	**89270.20**	**1408372.90**
160019.00	4855.60	25996.70	59640.50
53781.10		7524.20	38561.80
197055.50	5343.90	3752.60	126619.10
69633.70	3600.70	150.00	57523.10
328019.50	5738.60	26500.10	197761.90
845.40	30.00	182.20	1080.60
189858.30	8881.00		167068.10
111356.30	1542.70	4039.70	98634.30
533619.40	8968.40	13744.60	423191.70
120340.70	818.70	6251.10	84604.20
15425.60			12181.30
63959.20			46212.00
200578.30			74767.90
31470.50	3588.10	1129.00	20526.40

2-B-2.22 各地区集体总承包和专业承包企业房屋建筑面积

地　区	房屋施工面积（万平方米）		房屋竣工面积（万平方米）	房屋竣工率（%）
		#本年新开工		
广西壮族自治区	**1762.80**	**909.84**	**780.94**	**44.30**
南宁市	85.70	64.27	37.88	44.20
柳州市	42.61	32.30	36.35	85.31
桂林市	183.62	79.42	129.26	70.40
梧州市	48.31	39.37	37.96	78.58
北海市	132.24	79.57	26.08	19.72
防城港市	2.44	0.94	1.12	45.90
钦州市	195.22	102.46	73.87	37.84
贵港市	124.76	53.60	34.01	27.26
玉林市	684.45	297.65	260.05	37.99
百色市	91.13	48.07	55.53	60.93
贺州市	4.56	3.43	4.14	90.79
河池市	41.91	26.47	31.60	75.40
来宾市	107.99	76.84	40.44	37.45
崇左市	17.86	5.46	12.64	70.77

2-B-2.23 各地区按主要用途分的集体总承包和专业承包企业房屋竣工面积

单位：万平方米

地区	合计	住宅房屋	商业及服务用房屋	办公用房屋	科研、教育和医疗用房屋	文化、体育和娱乐用房屋	厂房及建筑物	仓库	其他未列明的房屋建筑物
广西壮族自治区	**780.94**	**371.41**	**41.00**	**70.71**	**121.59**	**21.52**	**39.85**	**3.56**	**111.29**
南宁市	37.88	11.95	8.32	2.69	8.38	3.02	2.35		1.16
柳州市	36.35	3.63	3.62	2.16	8.09	1.52	6.54		10.78
桂林市	129.26	58.32	3.49	1.34	4.33	3.02	0.82		57.95
梧州市	37.96	18.27		1.17	8.81	1.05	8.66		
北海市	26.08	14.08	1.75	1.84	8.12		0.27		0.02
防城港市	1.12	0.67					0.12		0.33
钦州市	73.87	32.69	14.93	11.94	7.77	0.02	4.11	1.70	0.71
贵港市	34.01	22.04	0.61	6.98	1.18	1.05	1.53		0.62
玉林市	260.05	166.14	1.01	12.27	39.36	4.38	6.17		30.72
百色市	55.53	14.70	1.71	6.80	18.53	3.36	5.77		4.67
贺州市	4.14	0.89		0.68	1.00		0.47	0.26	0.85
河池市	31.60	12.95	3.80	6.71	7.25	0.12	0.07		0.69
来宾市	40.44	13.37	1.18	14.03	3.66	2.38	2.06	1.40	2.36
崇左市	12.64	1.71	0.57	2.08	5.10	1.61	0.92	0.20	0.44

2-B-2.24 各地区按主要用途分的集

地　　区	合计	住宅房屋	商业及服务用房屋	办公用房屋
广西壮族自治区	**1048933.10**	**583965.00**	**54785.30**	**109224.90**
南宁市	38775.00	12081.50	7099.40	3000.50
柳州市	33647.00	5764.80	4283.50	2758.20
桂林市	115368.30	82240.30	6978.40	2822.90
梧州市	53173.10	25610.60		1719.00
北海市	80658.30	60263.10	1050.00	3182.00
防城港市	1070.60	625.20		
钦州市	127687.90	59643.20	25260.50	24899.60
贵港市	49792.80	31913.60	1675.80	9433.70
玉林市	351719.50	246586.70	900.00	15040.90
百色市	75627.90	18466.30	2250.10	10944.90
贺州市	5463.70	1343.90		1004.90
河池市	40262.30	19680.00	3837.00	6643.50
来宾市	59275.50	17393.90	1221.10	26006.80
崇左市	16411.20	2351.90	229.50	1768.00

体总承包和专业承包企业房屋竣工价值

单位：万元

科研、教育和医疗用房屋	文化、体育和娱乐用房屋	厂房及建筑物	仓库	其他未列明的房屋建筑物
173497.30	**27293.20**	**39740.20**	**4056.30**	**56370.90**
10347.20	2426.00	2404.90		1415.50
7318.50	1980.30	3727.00		7814.70
6009.20	3011.40	1170.20		13135.90
15968.70	1428.30	8446.50		
15677.90		349.70		135.60
		121.40		324.00
10883.60	47.30	4310.80	1441.90	1201.00
2176.80	1010.00	3142.20		440.70
57501.10	6308.60	5549.60		19832.60
25186.50	5712.00	6824.80		6243.30
1518.70		336.20	285.00	975.00
9106.80	120.00	70.00		805.00
4436.50	2802.10	2442.40	1470.00	3502.70
7365.80	2447.20	844.50	859.40	544.90

2-B-2.25 各地区集体总承包和专业承包企业施工机械设备情况

地　　区	年末自有施工机械设备总台数（万台）	年末自有施工机械设备总功率（千瓦）	年末自有施工机械设备净值（亿元）	技术装备率（元/人）	动力装备率（千瓦/人）
广西壮族自治区	**1.63**	**364226**	**5.10**	**7665.10**	**5.50**
南宁市	0.17	31136	0.59	10366.00	5.50
柳州市	0.07	7454	0.12	6945.80	4.50
桂林市	0.13	26760	0.21	5195.10	6.70
梧州市	0.06	5256	0.30	13847.50	2.40
北海市	0.08	11930	0.17	2039.00	1.40
防城港市		762		1632.00	2.80
钦州市	0.37	47412	0.76	9428.30	5.90
贵港市	0.11	24479	0.50	9625.80	4.70
玉林市	0.26	152622	1.04	5245.20	7.70
百色市	0.15	12150	0.63	16087.00	3.10
贺州市	0.04	20110	0.03	3180.80	23.60
河池市	0.05	8985	0.31	14206.40	4.10
来宾市	0.06	6674	0.10	3354.30	2.30
崇左市	0.07	8496	0.34	25191.10	6.30

2-B-2.26 各地区集体总承包和专业承包企业主要生产效益指标

地　　区	建筑业企业个数（个）	从事建筑业活动的平均人数（人）	按总产值计算劳动生产率（元/人）	人均竣工产值（元/人）	人均施工面积（平方米/人）	人均竣工面积（平方米/人）
广西壮族自治区	**142**	**72681**	**292158.40**	**193774.60**	**242.50**	**107.40**
南宁市	11	5023	245398.90	118734.80	170.60	75.40
柳州市	9	1955	353956.70	197247.10	218.00	185.90
桂林市	18	6016	395837.20	210470.60	305.20	214.90
梧州市	8	2443	310819.10	235460.90	197.70	155.40
北海市	8	8367	400198.00	236359.40	158.00	31.20
防城港市	3	264	42645.20	40931.80	92.40	42.40
钦州市	13	7313	280863.90	228453.60	266.90	101.00
贵港市	9	5520	188095.10	178685.30	226.00	61.60
玉林市	14	19528	276452.20	216710.20	350.50	133.20
百色市	20	7351	176713.60	115092.10	124.00	75.50
贺州市	2	828	183201.90	147117.10	55.10	50.10
河池市	11	2581	260845.00	179046.90	162.40	122.40
来宾市	9	3917	519095.00	190880.50	275.70	103.20
崇左市	7	1575	244180.80	130326.30	113.40	80.30

2-B-2.27 各地区集体总承包和专业承包企业营业收入

单位：万元

地区	营业收入	在境外完成的营业收入	企业总产值	建筑业总产值
广西壮族自治区	**1874201.40**	**8400**	**2257605.70**	**2208600.40**
南宁市	159770.00		196271.30	190871.30
柳州市	55334.50		61792.30	61305.30
桂林市	224161.90		207188.00	206152.00
梧州市	53121.10		73999.60	73384.40
北海市	233105.10		360258.20	360258.20
防城港市	1535.00		2167.60	1057.60
钦州市	145388.90	8400	198899.30	198739.30
贵港市	143374.50		125133.90	116938.70
玉林市	546298.10		578317.40	556332.40
百色市	119766.00		134795.20	127410.50
贺州市	14254.00		15425.60	15425.60
河池市	65613.80		63959.20	63959.20
来宾市	80645.70		200578.30	200578.30
崇左市	31832.80		38819.80	36187.60

2-B-2.28 各地区集体总承包和专业承包企业资产构成

单位：万元

地　　区	资产总计	流动资产合计	
			#存货
广西壮族自治区	**906969.80**	**696810.50**	**120996.60**
南宁市	45855.20	34689.30	6496.30
柳州市	111240.40	102135.00	25857.70
桂林市	102669.80	86230.30	9653.00
梧州市	30063.70	14436.30	228.80
北海市	123826.00	103416.00	1355.90
防城港市	2771.20	750.60	582.20
钦州市	61415.00	41451.00	7447.60
贵港市	31915.10	24375.90	581.90
玉林市	156354.10	122645.90	53560.70
百色市	97318.50	54224.10	13033.10
贺州市	9106.30	4094.10	13.30
河池市	39410.00	31439.00	2036.30
来宾市	72615.90	59404.90	56.90
崇左市	22408.60	17518.10	92.90

2-B-2.29 各地区集体总承包和专业承包企业固定资产情况

单位：万元

地　区	固定资产原价	固定资产折旧	#本年折旧	在建工程
广西壮族自治区	**128148.90**	**36838.70**	**3653.10**	**26167.40**
南宁市	14724.80	4720.60	393.50	
柳州市	8377.70	4979.60	652.80	1080.50
桂林市	7865.80	2087.70	411.00	366.80
梧州市	3691.20	1281.80	74.70	
北海市	5952.40	1596.50	106.30	4470.40
防城港市	338.70	113.70	2.10	
钦州市	19228.70	4219.70	601.20	1179.10
贵港市	7545.10	2730.70	14.20	625.50
玉林市	28435.90	7401.20	771.80	163.00
百色市	15169.70	4090.90	304.50	9295.10
贺州市	5338.60	327.90	18.00	
河池市	4892.80	1266.70	165.90	2758.10
来宾市	3638.50	1277.90	8.90	6225.70
崇左市	2949.00	743.80	128.20	3.20

2-B-2.30 各地区集体总承包和专业承包企业负债及所有者权益

单位：万元

地　区	负债合计	#流动负债	#应付账款	所有者权益合计	#实收资本
广西壮族自治区	**529533.00**	**451470.20**	**162918.60**	**377436.80**	**239981.00**
南宁市	21198.90	17435.20	10292.20	24656.30	17276.40
柳州市	98843.60	87827.60	36103.60	12396.80	8407.80
桂林市	67113.70	62909.80	26733.40	35556.10	23489.20
梧州市	20233.80	3265.90	683.70	9829.90	8357.00
北海市	87201.60	86049.90	44019.50	36624.40	18183.00
防城港市	344.00	180.60	11.50	2427.20	1850.00
钦州市	28959.10	28363.90	6736.20	32455.90	22065.90
贵港市	21128.70	19084.90	714.70	10786.40	7720.40
玉林市	50326.20	35761.90	5473.70	106027.90	49031.70
百色市	49137.90	36752.10	12367.50	48180.60	35394.70
贺州市	3880.00	3402.30	1947.20	5226.30	5392.30
河池市	25981.20	25878.60	15556.50	13428.80	8040.20
来宾市	38651.70	38002.70	1846.90	33964.20	29766.80
崇左市	16532.60	6554.80	432.00	5876.00	5005.60

2-B-2.31 各地区集体总承包和专业承包企业实收资本

单位：万元

地区	合计	国家资本	集体资本	法人资本	个人资本	港澳台资本	外商资本
广西壮族自治区	**239981.00**	**1212.30**	**212676.40**	**15152.30**	**10940**		
南宁市	17276.40		16563.40	713.00			
柳州市	8407.80	100.00	6892.80		1415		
桂林市	23489.20		14951.00	2855.20	5683		
梧州市	8357.00		8357.00				
北海市	18183.00		15731.00	2020.00	432		
防城港市	1850.00		1850.00				
钦州市	22065.90		18442.90	3623.00			
贵港市	7720.40		3560.40	2160.00	2000		
玉林市	49031.70		49031.70				
百色市	35394.70	1112.30	32654.80	1627.60			
贺州市	5392.30		5392.30				
河池市	8040.20		7579.20		461		
来宾市	29766.80		27941.30	913.50	912		
崇左市	5005.60		3728.60	1240.00	37		

2-B-2.32 各地区集体总承包和专业承包企业收入情况

单位：万元

地　区	主营业务收入	#主营业务成本	#主营业务税金及附加	其他业务收入	#其他业务利润
广西壮族自治区	**1822422**	**1600015**	**51983**	**51779.70**	**1046**
南宁市	159517	143733	4892	252.80	73
柳州市	54792	45739	2456	542.40	242
桂林市	223648	207255	7045	514.40	71
梧州市	52915	44555	2801	206.50	15
北海市	232830	223798	1058	275.60	0
防城港市	1535	1344	49		
钦州市	117404	53407	2485	27984.50	183
贵港市	143013	136070	1049	361.30	151
玉林市	545909	484983	21933	389.30	197
百色市	119397	109627	3418	368.80	113
贺州市	14254	13922	59		
河池市	65614	50633	2377		
来宾市	59762	56977	1897	20884.10	
崇左市	31833	27973	464		

2-B-2.33 各地区集体总承包和专业承包企业费用情况

单位：万元

地区	管理费用	销售费用	财务费用		
				#利息收入	#利息支出
广西壮族自治区	**43918.10**	**10513.80**	**2394.60**	**335.20**	**1261.00**
南宁市	4875.50	2261.70	413.40	-1.20	28.30
柳州市	1969.90	9.90	117.60	106.50	49.50
桂林市	3697.60	1085.20	166.40	5.20	178.10
梧州市	2067.50	1481.30	72.50	50.10	110.80
北海市	3194.40	0.50	-28.90	-1.20	1.20
防城港市	117.90	2.20	0.20		
钦州市	2737.60	56.80	18.70		-0.50
贵港市	1786.40	20.00	14.00	-2.80	0.10
玉林市	15888.20	2376.00	1213.40	118.50	867.50
百色市	2065.60	119.20	19.20	1.00	1.90
贺州市	306.60	155.00	14.20		
河池市	2966.90	2499.30	156.10	65.80	23.90
来宾市	1584.90	59.60	202.00	-6.50	0.20
崇左市	659.10	387.10	15.80	-0.20	

2-B-2.34 各地区集体总承包和专业承包企业利润及税金情况

单位：万元

地　区	利润总额	#应缴所得税	税金总额	主营业务税金及附加	应缴增值税
广西壮族自治区	**50232.00**	**19895.20**	**113323.70**	**51983.00**	**61340.70**
南宁市	3555.10	1883.10	10301.50	4892.40	5409.10
柳州市	2094.00	707.70	5062.50	2455.50	2607.00
桂林市	4700.70	1785.00	15223.20	7044.90	8178.30
梧州市	2140.80	232.30	5433.10	2800.90	2632.20
北海市	4824.40	3738.70	4744.60	1057.80	3686.80
防城港市	22.00	2.70	98.70	48.90	49.80
钦州市	3258.40	2511.20	7509.50	2485.30	5024.20
贵港市	3057.70	1988.40	5789.50	1048.80	4740.70
玉林市	13532.10	3112.80	40069.20	21933.20	18136.00
百色市	4180.80	1648.80	7713.70	3418.10	4295.60
贺州市	-171.50	278.90	487.00	58.80	428.20
河池市	5469.10	550.30	4879.80	2376.80	2503.00
来宾市	1317.80	926.90	4749.00	1897.40	2851.60
崇左市	2250.60	528.40	1262.40	464.20	798.20

2-B-2.35 各地区集体总承包和专业承包企业应收工程款及企业亏损情况

地　　区	应收工程款（万元）	企业个数 （个）	#亏损企业个数	亏损企业的比重（%）
广西壮族自治区	**229160**	**142**	**23**	**16.20**
南宁市	11354	11	1	9.09
柳州市	9399	9	1	11.11
桂林市	19468	18	3	16.67
梧州市	1430	8	2	25
北海市	27130	8	2	25
防城港市	20	3	1	33.33
钦州市	11020	13	1	7.69
贵港市	6318	9	3	33.33
玉林市	46346	14	1	7.14
百色市	20677	20	3	15
贺州市	1174	2	1	50
河池市	23888	11		
来宾市	45682	9	2	22.22
崇左市	5254	7	2	28.57

2-B-2.36 各地区集体总承包和专业承包企业主要经济效益指标

地　　区	产值利润率（%）	产值利税率（%）	资本利润率（%）	资本利税率（%）	人均利润（元/人）	人均利税（元/人）	资产负债率（%）
广西壮族自治区	**2.30**	**7.40**	**20.90**	**68.20**	**6911**	**22503**	**58.40**
南宁市	1.90	7.30	20.60	80.20	7078	27586	46.20
柳州市	3.40	11.70	24.90	85.10	10711	36606	88.90
桂林市	2.30	9.70	20.00	84.80	7814	33118	65.40
梧州市	2.90	10.30	25.60	90.60	8763	31002	67.30
北海市	1.30	2.7	26.50	52.60	5766	11437	70.40
防城港市	2.10	11.40	1.20	6.50	833	4572	12.40
钦州市	1.60	5.40	14.80	48.80	4456	14724	47.20
贵港市	2.60	7.60	39.60	114.60	5539	16028	66.20
玉林市	2.40	9.60	27.60	109.30	6930	27448	32.20
百色市	3.30	9.30	11.80	33.60	5687	16181	50.50
贺州市	-1.10	2.00	-3.20	5.90	-2071	3810	42.60
河池市	8.60	16.20	68.00	128.70	21190	40096	65.90
来宾市	0.70	3.00	4.40	20.40	3364	15488	53.20
崇左市	6.20	9.70	45.00	70.20	14290	22305	73.80

2-B-2.37 各地区私营总承包和专业承包企业签订合同情况

单位：万元

地 区	签订合同额	上年结转合同额	本年新签合同额
广西壮族自治区	**22118138.30**	**8053005.20**	**14065133.10**
南宁市	5976804.90	2483546.60	3493258.30
柳州市	614364.60	406663.90	207700.70
桂林市	467907.30	186551.20	281356.10
梧州市	312134.30	173763.20	138371.10
北海市	1104222.60	418745.00	685477.60
防城港市	1101075.80	415165.50	685910.30
钦州市	2430625.50	941438.00	1489187.50
贵港市	1726575.80	244158.00	1482417.80
玉林市	5483288.00	1943381.80	3539906.20
百色市	718425.50	214434.20	503991.30
贺州市	471753.40	135448.50	336304.90
河池市	843760.40	320415.90	523344.50
来宾市	497802.40	105700.50	392101.90
崇左市	369397.80	63592.90	305804.90

2-B-2.38 各地区私营总承包和专业承包企业承包工程完成情况

单位：万元

地　　区	直接从建设单位承揽工程完成的产值			从建设单位以外承揽工程完成的产值
		自行完成施工产值	分包出去工程的产值	
广西壮族自治区	**13986712.00**	**13669400.00**	**317312.00**	**332145.60**
南宁市	3343086.80	3221917.90	121168.90	88703.60
柳州市	228780.70	227562.80	1217.90	5184.90
桂林市	269485.50	267846.90	1638.60	5674.60
梧州市	183840.20	183840.20		2500.00
北海市	466729.30	460300.90	6428.40	8013.80
防城港市	776213.70	680207.20	96006.50	111425.90
钦州市	1988400.80	1988150.80	250.00	167.30
贵港市	1337369.40	1336590.00	779.40	29313.30
玉林市	3469311.80	3412008.70	57303.10	40192.30
百色市	468625.20	467122.80	1502.40	4245.50
贺州市	295948.10	295839.00	109.10	8835.10
河池市	585902.20	584503.10	1399.10	2070.30
来宾市	290346.90	275679.30	14667.60	10810.00
崇左市	282671.40	267830.40	14841.00	15009.00

2-B-2.39 各地区私营企业总

地　　区	建筑业总产值		
		#装饰装修产值	#在外省完成的产值
广西壮族自治区	**14001545.60**	**676991.80**	**975779.40**
南宁市	3310621.50	230305.60	209376.10
柳州市	232747.70	20618.30	5886.00
桂林市	273521.50	6100.90	2159.40
梧州市	186340.20	2407.50	44730.00
北海市	468314.70	15982.50	34230.10
防城港市	791633.10	31407.10	8773.90
钦州市	1988318.10	72323.50	319760.70
贵港市	1365903.30	1971.80	36979.10
玉林市	3452201.00	223933.20	65449.80
百色市	471368.30	49296.60	1.00
贺州市	304674.10	16995.80	
河池市	586573.40	2945.60	248433.20
来宾市	286489.30	1782.40	
崇左市	282839.40	921.00	0.10

承包和专业承包总产值和竣工产值

单位：万元

按构成分组			竣工产值
建筑工程产值	安装工程产值	其他产值	
11673132.60	**1187296.40**	**1141116.60**	**7856667.90**
2587172.90	397650.90	325797.70	1714796.80
211580.40	10310.90	10856.40	139661.40
240208.10	32158.20	1155.20	168447.10
178548.90	3752.10	4039.20	70373.60
380408.90	37708.00	50197.80	239706.60
687038.00	46008.70	58586.40	398337.20
1581463.90	200007.70	206846.50	821776.10
1351620.10	6153.30	8129.90	853450.60
2728712.60	352311.50	371176.90	2322195.20
404361.90	44900.00	22106.40	213782.90
282089.80	16212.40	6371.90	191533.60
506869.40	19575.90	60128.10	341504.70
270065.20	10404.50	6019.60	141112.10
262992.50	10142.30	9704.60	239990.00

2-B-2.40 各地区私营总承

地　区	房屋施工面积（万平方米）
广西壮族自治区	**5874.07**
南宁市	1335.53
柳州市	222.78
桂林市	133.63
梧州市	85.32
北海市	174.66
防城港市	369.66
钦州市	508.81
贵港市	881.46
玉林市	1651.70
百色市	126.57
贺州市	107.67
河池市	92.84
来宾市	152.54
崇左市	30.90

包和专业承包企业房屋建筑面积

#本年新开工	房屋竣工面积（万平方米）	房屋竣工率（%）
3291.70	**3342.55**	**56.90**
586.00	550.32	41.21
79.03	105.27	47.25
63.25	49.63	37.14
38.82	23.35	27.37
64.20	112.82	64.59
218.53	206.86	55.96
325.34	405.32	79.66
562.04	527.18	59.81
1087.17	1088.44	65.90
62.15	67.50	53.33
76.57	80.59	74.85
38.63	54.59	58.80
66.53	53.27	34.92
23.45	17.41	56.34

2-B-2.41 各地区按主要用途分的私

地　区	合计	住宅房屋	商业及服务用房屋	办公用房屋
广西壮族自治区	**3342.55**	**1757.05**	**326.59**	**424.04**
南宁市	550.32	339.65	32.89	46.83
柳州市	105.27	85.57	0.53	5.26
桂林市	49.63	30.93	1.73	1.30
梧州市	23.35	12.67	2.34	0.81
北海市	112.82	46.70	28.81	3.54
防城港市	206.86	119.27	11.23	37.49
钦州市	405.32	215.25	27.92	58.44
贵港市	527.18	301.83	7.80	145.59
玉林市	1088.44	472.16	177.70	92.17
百色市	67.50	23.98	4.59	8.55
贺州市	80.59	42.63	24.79	2.93
河池市	54.59	27.04	1.43	15.83
来宾市	53.27	30.11	2.31	2.57
崇左市	17.41	9.27	2.51	2.75

营总承包和专业承包企业房屋竣工面积

单位：万平方米

科研、教育和医疗用房屋	文化、体育和娱乐用房屋	厂房及建筑物	仓库	其他未列明的房屋建筑物
372.49	**138.96**	**195.10**	**26.58**	**101.73**
72.93	18.97	28.47	1.82	8.75
5.87	0.22	3.46		4.35
9.66	0.35	3.79	1.84	0.05
6.17	0.36	0.74		0.26
26.88	0.57	0.08		6.24
12.55	0.37	3.82	1.60	20.54
52.72	31.10	6.90	12.63	0.37
46.86	5.43	12.22	0.05	7.40
104.70	71.35	118.76	7.78	43.84
17.22	4.51	6.12	0.19	2.33
4.98	0.71	3.39	0.48	0.67
4.37	4.22	1.00		0.72
5.16	0.79	6.36	0.19	5.78
2.43				0.45

2-B-2.42 各地区按主要用途分的私

地　　区	合计			
		住宅房屋	商业及服务用房屋	办公用房屋
广西壮族自治区	**4941444.90**	**2710010.40**	**422291.00**	**577056.90**
南宁市	865163.10	538767.90	59696.10	64366.80
柳州市	121135.70	95058.60	1065.60	10279.20
桂林市	80257.30	44115.20	2737.30	3145.60
梧州市	41351.90	18892.00	5645.50	1688.50
北海市	209764.10	95899.60	69387.10	10115.50
防城港市	243821.50	147472.10	15512.10	35923.70
钦州市	572107.30	320290.60	54961.10	73774.30
贵港市	758340.90	462341.90	8042.30	169981.00
玉林市	1603963.40	751553.90	154317.40	157124.50
百色市	118450.80	43087.30	9886.20	14247.60
贺州市	113102.00	62859.60	31756.50	4651.30
河池市	106843.10	67653.70	3327.60	23411.60
来宾市	82764.60	50827.90	2926.20	3512.10
崇左市	24379.20	11190.10	3030.00	4835.20

营总承包和专业承包企业房屋竣工价值

单位：万元

科研、教育和医疗用房屋	文化、体育和娱乐用房屋	厂房及建筑物	仓库	其他未列明的房屋建筑物
578425.30	**162957.40**	**294782.20**	**39726.00**	**156195.70**
121825.30	25933.50	40468.10	1847.80	12257.60
9941.20	232.50	3343.80		1214.80
15204.00	228.30	12490.10	2259.00	77.80
12590.10	610.20	1213.00		712.60
10636.50	741.20	533.60		22450.60
12373.80	553.20	5469.50	1762.20	24754.90
69721.50	20645.00	11582.00	20405.90	726.90
72399.60	9785.20	13934.60	200.00	21656.30
194050.80	94241.80	182257.80	12402.30	58014.90
30165.00	6298.70	12284.30	104.60	2377.10
7724.80	896.40	3308.80	504.80	1399.80
8456.90	1666.00	1162.00		1165.30
8589.30	1120.50	6734.60	239.40	8814.60
4746.50	4.90			572.50

2-B-2.43 各地区私营总承包和专业承包企业施工机械设备情况

地　　区	年末自有施工机械设备总台数（万台）	年末自有施工机械设备总功率（千瓦）	年末自有施工机械设备净值（亿元）	技术装备率（元/人）	动力装备率（千瓦/人）
广西壮族自治区	**4.80**	**1444580.00**	**30.06**	**10133.30**	**4.90**
南宁市	1.65	328195.00	6.75	12616.70	6.10
柳州市	0.29	14590.00	0.43	6286.20	2.10
桂林市	0.12	32390.00	0.77	14197.90	6.00
梧州市	0.05	7598.00	0.54	25064.50	3.50
北海市	0.13	14407.00	0.68	6914.00	1.50
防城港市	0.37	327596.00	1.96	19566.50	32.70
钦州市	0.47	196576.00	3.89	3502.10	1.80
贵港市	0.11	44135.00	1.15	7125.70	2.70
玉林市	0.64	118072.00	4.44	8497.50	2.30
百色市	0.18	30987.00	0.77	14032.70	5.60
贺州市	0.06	10140.00	0.51	10343.00	2.10
河池市	0.39	208062.00	5.80	55457.20	19.90
来宾市	0.24	35006.00	0.80	15832.50	6.90
崇左市	0.11	76826.00	1.56	44944.70	22.10

2-B-2.44 各地区私营总承包和专业承包企业主要生产效益指标

地　　区	建筑业企业个数（个）	从事建筑业活动的平均人数（人）	按总产值计算劳动生产率（元/人）	人均竣工产值（元/人）	人均施工面积（平方米/人）	人均竣工面积（平方米/人）
广西壮族自治区	**855**	**407557**	**354035.70**	**192774.70**	**144.10**	**82.00**
南宁市	262	99681	366823.80	172028.50	134.00	55.20
柳州市	47	9736	236989.80	143448.40	228.80	108.10
桂林市	34	8055	425979.60	209121.20	165.90	61.60
梧州市	20	4357	682564.80	161518.50	195.80	53.60
北海市	42	10588	448362.60	226394.60	165.00	106.60
防城港市	51	22492	357025.70	177101.70	164.40	92.00
钦州市	65	107023	162859.40	76785.00	47.50	37.90
贵港市	39	27891	635392.50	305995.00	316.00	189.00
玉林市	95	66661	557481.00	348358.90	247.80	163.30
百色市	68	12498	425960.90	171053.70	101.30	54.00
贺州市	45	8288	388862.90	231097.50	129.90	97.20
河池市	32	13319	464833.50	256404.20	69.70	41.00
来宾市	31	8732	327453.80	161603.40	174.70	61.00
崇左市	24	8236	359663.50	291391.50	37.50	21.10

2-B-2.45 各地区私营总承包和专业承包企业营业收入

单位：万元

地　　区	营业收入	在境外完成的营业收入	企业总产值	建筑业总产值
广西壮族自治区	**11143036.60**	**25893.80**	**14449789.80**	**14001545.60**
南宁市	2789297.90	34.50	3507021.30	3310621.50
柳州市	245872.10		248075.30	232747.70
桂林市	210722.50		278725.20	273521.50
梧州市	129044.30	5643.80	186583.10	186340.20
北海市	505063.20		505238.50	468314.70
防城港市	615590.40	14100.90	851244.60	791633.10
钦州市	872219.10		2040984.00	1988318.10
贵港市	1015585.10		1374770.10	1365903.30
玉林市	2749476.00		3481180.40	3452201.00
百色市	477195.20	5882.60	482715.70	471368.30
贺州市	317883.30		307288.30	304674.10
河池市	702523.90		599712.60	586573.40
来宾市	206168.60	232.00	296009.50	286489.30
崇左市	306395.00		290241.20	282839.40

2-B-2.46 各地区私营总承包和专业承包企业资产构成

单位：万元

地　区	资产总计	流动资产合计	#存货
广西壮族自治区	**7501378.10**	**6347220.10**	**817293.70**
南宁市	2798178.90	2396289.00	267654.20
柳州市	194635.90	161320.60	17869.60
桂林市	221636.40	199993.30	34706.00
梧州市	93353.70	84895.90	21550.40
北海市	352652.80	310259.20	41974.60
防城港市	520400.90	423903.90	80084.60
钦州市	634401.10	515649.10	62155.90
贵港市	524996.00	464837.50	101555.70
玉林市	849551.80	674146.50	67109.90
百色市	233303.60	197562.70	20005.40
贺州市	182424.90	159923.40	25798.20
河池市	630589.30	536238.90	61448.30
来宾市	128382.40	110623.20	12668.70
崇左市	136870.40	111576.90	2712.20

2-B-2.47 各地区私营总承包和专业承包企业固定资产情况

单位：万元

地　　区	固定资产原价	固定资产折旧		在建工程
			#本年折旧	
广西壮族自治区	**873412.30**	**357831.00**	**76344.30**	**89158.20**
南宁市	257466.30	111831.80	15801.80	29005.20
柳州市	25331.30	15434.20	1310.20	916.10
桂林市	13635.00	5539.40	848.90	9663.00
梧州市	13198.00	8810.10	859.60	46.10
北海市	13696.50	5172.70	990.40	20156.40
防城港市	60868.20	19726.40	3851.20	1402.70
钦州市	169947.00	71516.70	25130.40	35.00
贵港市	30768.10	9106.40	1857.00	3096.40
玉林市	142215.80	60043.50	10723.70	5760.10
百色市	14191.00	3827.00	1688.10	6630.20
贺州市	9465.00	3649.90	749.20	89.10
河池市	98667.10	35773.90	10622.80	7542.70
来宾市	13214.30	5066.80	1615.10	834.80
崇左市	10748.70	2332.20	295.90	3980.40

2-B-2.48 各地区私营总承包和专业承包企业负债及所有者权益

单位：万元

地　　区	负债合计	#流动负债	#应付账款	所有者权益合　　计	#实收资本
广西壮族自治区	**4089793.10**	**3354724.60**	**1079107.40**	**3412961.30**	**2397442.30**
南宁市	1749497.40	1523534.00	446402.60	1048681.50	918699.50
柳州市	102513.30	98813.20	17981.40	92122.60	81407.80
桂林市	129800.20	102896.80	19456.10	91836.20	39791.50
梧州市	40373.00	39491.70	7670.60	52980.70	36286.30
北海市	185712.30	153493.10	76060.20	166940.50	97188.60
防城港市	241929.10	190388.10	77239.10	279776.40	184276.70
钦州市	301490.20	245902.50	56593.90	332910.90	253461.80
贵港市	327790.90	104122.00	49741.90	19726[illegible].50	108708.90
玉林市	337907.30	289126.90	88567.00	511644.50	334323.30
百色市	123637.50	99407.20	28805.60	109666.10	73580.20
贺州市	94365.40	89534.40	16467.10	88059.50	64967.70
河池市	315875.80	295616.60	162477.60	314713.50	104647.90
来宾市	68776.40	65413.10	11559.20	59606.00	54783.10
崇左市	70124.30	56985.00	20085.10	66758.40	45319.00

2-B-2.49 各地区私营总承包和专业承包企业实收资本

单位：万元

地区	合计	国家资本	集体资本	法人资本	个人资本	港澳台资本	外商资本
广西壮族自治区	**2397442.30**	**20418.00**	**17733.60**	**911755.90**	**1446513.70**	**10.30**	**10.20**
南宁市	918699.50	17016.00	7180.00	293348.40	601135.10	10.00	10.00
柳州市	81407.80		2128.00	15336.70	63943.10		
桂林市	39791.50			13663.60	26127.90		
梧州市	36286.30			9625.40	26660.90		
北海市	97188.60			52603.50	44585.10		
防城港市	184276.70	0.10	0.10	114837.90	68437.90	0.10	
钦州市	253461.80		5074.20	152501.20	95886.40		
贵港市	108708.90	3401.70		42886.40	62420.80		
玉林市	334323.30	0.10	0.10	95625.90	238697.00	0.10	0.10
百色市	73580.20	0.10	0.10	23170.90	50408.90	0.10	0.10
贺州市	64967.70			16610.60	48357.10		
河池市	104647.90			47795.30	56852.60		
来宾市	54783.10		3351.10	17758.70	33673.30		
崇左市	45319.00			15991.40	29327.60		

2-B-2.50 各地区私营总承包和专业承包企业收入情况

单位：万元

地　　区	主营业务收入	#主营业务成本	#主营业务税金及附加	其他业务收入	#其他业务利润
广西壮族自治区	**10924359**	**9969766**	**235734**	**218677.80**	**4761**
南宁市	2661036	2397596	121963	128262.20	3280
柳州市	217300	204027	2994	28571.70	173
桂林市	204521	173909	3181	6201.20	
梧州市	128928	111665	1325	116.80	22
北海市	483740	450255	2565	21323.40	532
防城港市	607384	546796	6437	8205.90	266
钦州市	861518	795937	6940	10700.70	
贵港市	1015311	949089	4405	274.20	8
玉林市	2742302	2542411	58041	7173.90	227
百色市	472305	424054	5306	4890.60	6
贺州市	317166	294668	3654	716.90	191
河池市	701062	607531	9818	1462.40	42
来宾市	205398	191866	1646	770.70	14
崇左市	306388	279962	7460	7.20	

2-B-2.51 各地区私营总承包和专业承包企业费用情况

单位：万元

地 区	管理费用	销售费用	财务费用	#利息收入	#利息支出
广西壮族自治区	**334446.60**	**21512.70**	**32887.30**	**427.70**	**21055.47**
南宁市	145055.30	9743.60	18166.50	194.20	13182.10
柳州市	8100.50	346.70	541.90	-1.90	299.80
桂林市	9189.40	52.40	875.20	22.00	191.60
梧州市	4504.70	543.20	1189.20	-0.40	523.20
北海市	12116.90	513.80	810.70	34.30	101.40
防城港市	21898.30	897.70	3463.30	45.80	2615.70
钦州市	18570.50	953.60	897.00	159.20	458.60
贵港市	15166.60	26.20	1027.70	-222.30	595.07
玉林市	46610.80	4943.90	3625.00	115.80	1945.70
百色市	11615.50	407.80	787.30	59.80	539.50
贺州市	6514.60	676.10	300.00		136.80
河池市	21548.30	1614.70	591.10	5.90	112.30
来宾市	8136.50	411.20	392.70	9.50	137.30
崇左市	5418.70	381.80	219.70	5.80	216.40

2-B-2.52 各地区私营总承包和专业承包企业利润及税金情况

单位：万元

地　区	利润总额	#应缴所得税	税金总额	主营业务税金及附加	应缴增值税
广西壮族自治区	**388521.90**	**181072.40**	**549147.70**	**235734.30**	**313413.40**
南宁市	59492.70	62818.00	204082.80	121963.00	82119.80
柳州市	2987.30	1668.60	9889.10	2994.30	6894.80
桂林市	10057.90	3328.70	8526.20	3180.80	5345.40
梧州市	9388.50	2176.00	3713.30	1325.20	2388.10
北海市	19379.00	6968.40	16218.10	2564.70	13653.40
防城港市	27066.60	9267.30	27079.60	6436.60	20643.00
钦州市	40132.60	13257.50	29811.80	6940.20	22871.60
贵港市	45218.70	19432.80	38118.00	4405.00	33713.00
玉林市	61201.30	27138.10	116686.70	58041.10	58645.60
百色市	25795.40	8931.80	23193.90	5306.00	17887.90
贺州市	10779.70	5651.20	13873.60	3653.50	10220.10
河池市	61252.30	15178.00	32613.10	9817.60	22795.50
来宾市	3146.40	1684.40	10502.40	1646.30	8856.10
崇左市	12623.50	3571.60	14839.10	7460.00	7379.10

2-B-2.53 各地区私营总承包和专业承包企业应收工程款及企业亏损情况

地　区	应收工程款（万元）	企业个数（个）	#亏损企业个数	亏损企业的比重（%）
广西壮族自治区	**2008560**	**855**	**172**	**20.12**
南宁市	661700	262	55	20.99
柳州市	43614	47	11	23.40
桂林市	35241	34	10	29.41
梧州市	17959	20	5	25.00
北海市	84620	42	8	19.05
防城港市	189390	51	14	27.45
钦州市	105232	65	11	16.92
贵港市	142563	39	7	17.95
玉林市	131779	95	14	14.74
百色市	48893	68	16	23.53
贺州市	44194	45	2	4.44
河池市	405539	32	8	25.00
来宾市	40613	31	9	29.03
崇左市	57224	24	2	8.33

2-B-2.54 各地区私营总承包和专业承包企业主要经济效益指标

地　区	产值利润率（%）	产值利税率（%）	资本利润率（%）	资本利税率（%）	人均利润（元/人）	人均利税（元/人）	资产负债率（%）
广西壮族自治区	**2.80**	**6.70**	**16.20**	**39.10**	**9532.90**	**23007.10**	**54.50**
南宁市	1.80	8.00	6.30	28.30	5932.10	26681.40	62.80
柳州市	1.80	5.60	5.90	18.40	4478.10	13939.70	51.10
桂林市	3.70	6.80	25.30	46.70	12486.50	23071.50	58.60
梧州市	5.00	7.00	25.90	36.10	21548.10	30070.70	43.20
北海市	4.10	7.60	20.70	38.20	18267.30	33807.30	50.40
防城港市	3.40	6.80	14.60	29.30	11874.70	23765.60	46.40
钦州市	2.00	3.50	15.80	27.60	3749.90	6535.50	47.50
贵港市	3.30	6.10	43.60	80.30	16186.50	29816.00	63.10
玉林市	1.80	5.20	18.30	53.20	9181.00	26685.50	39.80
百色市	5.50	10.40	35.10	66.60	20639.60	39197.70	53.00
贺州市	3.50	8.10	16.60	37.90	13006.40	29745.80	51.70
河池市	10.40	16.00	58.50	89.70	45988.70	70474.80	50.10
来宾市	1.10	4.80	5.70	24.90	3603.30	15630.80	53.60
崇左市	4.50	9.70	27.90	60.60	15327.20	33344.60	51.20

2-B-2.55 各地区股份制总承包和专业承包企业签订合同情况

单位：万元

地　区	签订合同额		
		上年结转合同额	本年新签合同额
广西壮族自治区	**28862867.70**	**13086021.90**	**15776845.80**
南宁市	14809241.90	7906666.50	6902575.40
柳州市	4529201.60	1701904.30	2827297.30
桂林市	3282049.50	1482740.50	1799309.00
梧州市	226576.10	58968.60	167607.50
北海市	301663.60	58817.00	242846.60
防城港市	1250089.30	555788.00	694301.30
钦州市	1293853.20	252964.20	1040889.00
贵港市	512574.90	102553.80	410021.10
玉林市	842043.60	277030.00	565013.60
百色市	257272.50	86621.90	170650.60
贺州市	126806.40	22592.70	104213.70
河池市	301123.10	139064.90	162058.20
来宾市	1042581.20	426782.80	615798.40
崇左市	87790.80	13526.70	74264.10

2-B-2.56 各地区股份制总承包和专业承包企业承包工程完成情况

单位：万元

地　区	直接从建设单位承揽工程完成的产值			从建设单位以外承揽工程完成的产值
		自行完成施工产　　值	分包出去工程的产　　值	
广西壮族自治区	**15280164.50**	**15155616.80**	**124547.70**	**383103.90**
南宁市	7031703.20	6944582.50	87120.70	311020.70
柳州市	2813417.00	2809089.30	4327.70	6475.80
桂林市	1750064.40	1749603.90	460.50	31543.50
梧州市	161847.20	161847.20		
北海市	251760.30	230390.00	21370.30	18952.90
防城港市	694749.40	688637.00	6112.40	3909.50
钦州市	813378.20	813378.20		
贵港市	313545.00	313545.00		
玉林市	503443.40	503443.40		
百色市	165960.70	160804.60	5156.10	9596.90
贺州市	47696.80	47696.80		500.00
河池市	185814.50	185814.50		1104.60
来宾市	458844.10	458844.10		
崇左市	87940.30	87940.30		

2-B-2.57 各地区股份制总承

地　区	建筑业总产值	#装饰装修产值	#在外省完成的产值
广西壮族自治区	**15538720.70**	**486680.00**	**2709263.10**
南宁市	7255603.20	106330.50	1318934.70
柳州市	2815565.10	11037.10	602588.50
桂林市	1781147.40	44352.50	81938.20
梧州市	161847.20	2744.80	
北海市	249342.90	142329.80	39590.10
防城港市	692546.50	23779.10	396449.80
钦州市	813378.20	12593.50	258942.10
贵港市	313545.00	3468.20	8647.80
玉林市	503443.40	2948.00	
百色市	170401.50	21673.10	
贺州市	48196.80	186.50	
河池市	186919.10	1902.30	71.90
来宾市	458844.10	113334.60	2100.00
崇左市	87940.30		

包和专业承包企业总产值和竣工产值

单位：万元

按构成分组			竣工产值
建筑工程产值	安装工程产值	其他产值	
14444179.00	**828457.20**	**266084.50**	**7845664.60**
6797969.80	371504.40	86129.00	2828903.60
2743107.10	49333.10	23124.90	1940168.50
1623278.50	64134.90	93734.00	908763.10
135874.60	19992.00	5980.60	108158.20
195678.10	39859.90	13804.90	181226.80
671331.60	19688.60	1526.30	301224.80
763135.30	46637.10	3605.80	559475.80
273734.70	32452.00	7358.30	201594.00
480011.30	23341.60	90.50	307067.90
110209.80	45131.20	15060.50	78054.10
40884.90	1777.20	5534.70	26862.70
138679.00	43234.10	5006.00	131584.20
408647.60	48752.00	1444.50	209269.50
61636.70	22619.10	3684.50	63311.40

2-B-2.58 各地区股份制总承

地　　区	房屋施工面积（万平方米）
广西壮族自治区	**11444.35**
南宁市	4945.36
柳州市	3457.20
桂林市	1551.62
梧州市	92.16
北海市	129.33
防城港市	136.83
钦州市	254.86
贵港市	45.31
玉林市	295.19
百色市	24.91
贺州市	19.39
河池市	99.50
来宾市	375.29
崇左市	17.40

包和专业承包企业房屋建筑面积

#本年新开工（万平方米）	房屋竣工面积（万平方米）	房屋竣工率（%）
2612.55	**2971.68**	**25.97**
1050.86	1084.39	21.93
407.31	772.81	22.35
509.43	425.46	27.42
52.96	42.64	46.27
65.65	71.90	55.59
82.75	100.50	73.45
107.02	125.61	49.29
21.37	25.25	55.73
64.07	120.05	40.67
8.32	19.91	79.93
11.11	10.01	51.62
30.17	39.05	39.25
189.23	111.09	29.60
12.30	23.02	132.30

2-B-2.59 各地区按主要用途分的

地　区	合计			
		住宅房屋	商业及服务用房屋	办公用房屋
广西壮族自治区	**2971.68**	**2024.61**	**144.59**	**116.63**
南宁市	1084.39	712.65	33.00	37.00
柳州市	772.81	558.24	46.36	21.85
桂林市	425.46	295.73	13.61	18.85
梧州市	42.64	21.35		2.43
北海市	71.90	37.71	6.26	5.44
防城港市	100.50	78.26	8.58	5.16
钦州市	125.61	68.34	2.60	10.16
贵港市	25.25	7.88	6.35	3.12
玉林市	120.05	104.57		2.56
百色市	19.91	10.08	3.30	0.79
贺州市	10.01	9.14		
河池市	39.05	27.69	5.95	1.86
来宾市	111.09	77.63	16.07	2.50
崇左市	23.02	15.35	2.50	4.92

股份制总承包和专业承包房屋竣工面积

单位：万平方米

科研、教育和医疗用房屋	文化、体育和娱乐用房屋	厂房及建筑物	仓库	其他未列明的房屋建筑物
299.64	**30.24**	**281.23**	**14.36**	**60.38**
149.98	17.14	106.44	4.08	24.10
48.39	0.85	77.17	4.84	15.12
39.52	1.96	38.39		17.39
11.11		7.74		
6.45	2.84	11.53	1.67	
2.49	1.55	2.48	0.88	1.09
14.56	2.28	27.03	0.64	
3.58	1.23	2.07		1.02
7.12		3.86	1.95	
3.69	0.18	1.31	0.08	0.49
0.33				0.54
2.15	0.19	0.88	0.03	0.28
10.10	1.93	2.34	0.19	0.34
0.16	0.09			

2-B-2.60 各地区按主要用途分的股

地　区	合计	住宅房屋	商业及服务用房屋	办公用房屋
广西壮族自治区	**5635502.50**	**3453349.50**	**315088.10**	**287158.00**
南宁市	1887999.90	1165731.30	63624.90	108824.50
柳州市	1696322.10	932071.10	149490.50	66061.50
桂林市	777654.50	524011.60	27781.10	40698.70
梧州市	63631.00	31369.60		5709.20
北海市	156501.30	77628.00	12272.00	12242.10
防城港市	205245.10	181631.10	10802.50	5029.20
钦州市	301514.30	137454.40	4137.80	27781.90
贵港市	37328.90	12512.10	10852.70	4209.10
玉林市	202966.60	175396.90		2940.50
百色市	30939.50	17772.90	5328.80	771.20
贺州市	17831.50	15764.50		
河池市	52813.00	37492.80	9138.30	1953.80
来宾市	171757.20	122898.00	18130.70	3446.90
崇左市	32997.60	21615.20	3528.80	7489.40

份制总承包和专业承包企业房屋竣工价值

单位：万元

科研、教育和医疗用房屋	文化、体育和娱乐用房屋	厂房及建筑物	仓库	其他未列明的房屋建筑物
650260.70	**80869.10**	**446967.80**	**22449.00**	**379360.30**
285039.10	47439.90	145329.40	10212.80	61798.00
155969.90	5307.60	120070.20	2911.10	264440.20
80862.40	4699.50	51638.30		47962.90
16765.90		9786.30		
16387.20	7453.60	26293.00	4225.40	
2167.60	1326.10	2107.10	915.20	1266.30
45036.20	8450.00	77369.80	1284.20	
3721.60	2107.90	2954.20		971.30
15939.60		6308.60	2381.00	
4025.80	610.20	1676.40	200.00	554.20
724.00				1343.00
2853.20	220.20	706.30	52.80	395.60
20535.70	3122.40	2728.20	266.50	628.80
232.50	131.70			

2-B-2.61 各地区股份制总承包和专业承包企业施工机械情况

地　区	年末自有施工机械设备总台数（万台）	年末自有施工机械设备总功率（千瓦）	年末自有施工机械设备净值（亿元）	技术装备率（元/人）	动力装备率（千瓦/人）
广西壮族自治区	**4.09**	**674420.00**	**12.35**	**3454.60**	**1.90**
南宁市	1.42	230660.00	3.01	1967.30	1.50
柳州市	0.39	29318.00	0.64	677.90	0.30
桂林市	0.22	48769.00	1.26	4834.70	1.90
梧州市	0.07	15664.00	0.48	17837.10	5.90
北海市	0.01	1711.00	0.11	3288.20	0.50
防城港市	0.37	76085.00	1.52	21495.20	10.80
钦州市	0.46	86491.00	1.24	3409.20	2.40
贵港市	0.09	25820.00	0.74	21967.70	7.70
玉林市	0.44	66837.00	1.58	10877.90	4.60
百色市	0.14	22390.00	0.83	27017.30	7.30
贺州市	0.10	13521.00	0.08	24637.40	39.50
河池市	0.23	30584.00	0.64	13302.10	6.40
来宾市	0.16	26238.00	0.21	2571.60	3.30
崇左市	0.01	332.00	0.03	2782.30	0.30

2-B-2.62 各地区股份制总承包和专业承包企业主要生产效益指标

地　　区	建筑业企业个数（个）	从事建筑业活动的平均人数（人）	按总产值计算劳动生产率（元/人）	人均竣工产值（元/人）	人均施工面积（平方米/人）	人均竣工面积（平方米/人）
广西壮族自治区	**317**	**454775**	**340934.90**	**172517.50**	**251.60**	**65.30**
南宁市	71	209124	360959.10	135274.00	236.50	51.90
柳州市	25	78942	300106.10	245771.40	437.90	97.90
桂林市	60	48086	404420.20	188987.00	322.70	88.50
梧州市	13	3065	584919.40	352881.60	300.70	139.10
北海市	9	5483	456923.00	330524.90	235.90	131.10
防城港市	22	18870	383300.00	159631.60	72.50	53.30
钦州市	16	39729	193408.20	140823.00	64.20	31.60
贵港市	17	7325	401004.00	275213.70	61.90	34.50
玉林市	12	14612	344093.60	210147.80	202.00	82.20
百色市	30	6188	309427.10	126137.80	40.30	32.20
贺州市	6	1296	378310.80	207273.90	149.60	77.20
河池市	18	6027	326211.30	218324.50	165.10	64.80
来宾市	10	14343	380373.10	145903.60	261.70	77.50
崇左市	8	1685	575902.40	375735.30	103.30	136.60

2-B-2.63 各地区股份制总承包和专业承包企业营业收入

单位：万元

地　　区	营业收入		企业总产值	
		在境外完成的营业收入		建筑业总产值
广西壮族自治区	**12793008.80**	**119008.40**	**16285441.00**	**15538720.70**
南宁市	5721104.40	42137.20	7481572.70	7255603.20
柳州市	2547701.00	74745.10	2936995.50	2815565.10
桂林市	1406614.90	67.40	2101685.90	1781147.40
梧州市	167913.20		169211.40	161847.20
北海市	184157.70		252184.00	249342.90
防城港市	683804.10		716148.80	692546.50
钦州市	381938.90		822833.50	813378.20
贵港市	297640.30	2058.70	315144.50	313545.00
玉林市	579803.90		503446.30	503443.40
百色市	175859.00		183228.50	170401.50
贺州市	49855.80		48196.80	48196.80
河池市	172452.60		192677.70	186919.10
来宾市	333222.30		472576.20	458844.10
崇左市	90940.70		89539.20	87940.30

2-B-2.64 各地区股份制总承包和专业承包企业资产构成

单位：万元

地　区	资产总计	#流动资产合计	#存货
广西壮族自治区	**9393165.40**	**8340808.40**	**1306611.60**
南宁市	4434665.30	4049216.20	439387.20
柳州市	1676042.80	1463293.90	434250.70
桂林市	1082431.10	999161.50	143166.40
梧州市	132028.40	111994.80	12022.40
北海市	85312.40	71578.40	4700.30
防城港市	384423.50	324326.60	75603.40
钦州市	254265.50	230220.70	22311.10
贵港市	353310.00	261701.10	17228.10
玉林市	208590.90	118045.90	16837.90
百色市	134587.00	106418.00	9110.90
贺州市	28054.40	22891.60	7614.40
河池市	104293.60	86164.20	4459.00
来宾市	468318.60	455887.30	116586.50
崇左市	46841.90	39908.20	3333.30

2-B-2.65 各地区股份制总承包和专业承包企业固定资产情况

单位：万元

地　区	固定资产原价	固定资产折旧	#本年折旧	在建工程
广西壮族自治区	**653528.40**	**294152.40**	**41410.30**	**192935.10**
南宁市	269262.90	125929.70	17326.50	31146.60
柳州市	126000.60	56258.90	5689.80	41874.70
桂林市	50852.60	22140.70	6594.90	12037.20
梧州市	17737.40	10139.30	585.70	928.90
北海市	13367.10	7356.30	915.30	62394.30
防城港市	44964.90	23424.00	1351.50	606.30
钦州市	21827.20	7183.30	4471.40	14077.10
贵港市	25104.80	11557.40	1476.40	22433.60
玉林市	36275.70	13190.00	1077.80	2184.00
百色市	16406.80	5520.00	784.60	3917.40
贺州市	4740.20	658.50	127.60	
河池市	12448.60	4463.00	460.90	130.50
来宾市	7291.80	4138.30	312.30	1204.50
崇左市	7247.80	2193.00	235.60	

2-B-2.66 各地区股份制总承包和专业承包企业负债及所有者权益

单位：万元

地　区	负债合计	#流动负债	#应付账款	所有者权益合计	#实收资本
广西壮族自治区	**6035094.10**	**5231426.60**	**1665599.30**	**3358071.30**	**1530891.40**
南宁市	2468791.60	2138025.00	633838.40	1965873.70	652755.40
柳州市	1389163.60	1271693.50	216702.00	286879.20	229598.60
桂林市	865462.20	726185.70	393591.50	216968.90	141813.70
梧州市	89263.10	79941.50	50669.80	42765.30	25803.60
北海市	28856.80	25267.00	14990.20	56455.60	38032.10
防城港市	237306.30	221577.70	19658.70	147117.20	84954.60
钦州市	149210.80	143003.10	63926.80	105054.70	71077.30
贵港市	243472.60	149123.60	47508.90	109837.40	57886.60
玉林市	53979.00	53938.70	18582.30	154611.90	70107.60
百色市	59301.20	39349.70	14327.30	75285.80	45305.20
贺州市	17493.70	15830.40	5925.80	10560.70	9019.00
河池市	39541.50	39169.10	12612.30	64752.10	34069.30
来宾市	362588.40	302856.60	165974.10	105730.20	56006.40
崇左市	30663.30	25465.00	7291.20	16178.60	14462.00

2-B-2.67 各地区股份制总承包和专业承包企业实收资本

单位：万元

地 区	合计	国家资本	集体资本	法人资本	个人资本	港澳台资本	外商资本
广西壮族自治区	**1530891.40**	**540202.60**	**68062.70**	**299829.80**	**622796.30**		
南宁市	652755.40	376978.10	24702.10	83575.60	167499.60		
柳州市	229598.60	120000.00	2216.00	54950.40	52432.20		
桂林市	141813.70	10065.00	8989.40	45200.20	77559.10		
梧州市	25803.60		5000.00	6136.80	14666.80		
北海市	38032.10			6208.00	31824.10		
防城港市	84954.60	7880.40	1536.10	12176.40	63361.70		
钦州市	71077.30	2003.00	2000.00	22417.00	44657.30		
贵港市	57886.60	17608.40	11695.90	10422.30	18160.00		
玉林市	70107.60		800.00	16781.60	52526.00		
百色市	45305.20	3000.00	1606.00	21286.90	19412.30		
贺州市	9019.00		240.00	6719.00	2060.00		
河池市	34069.30		3575.60	9238.80	21254.90		
来宾市	56006.40	2667.70	3654.00	1568.70	48116.00		
崇左市	14462.00		2047.60	3148.10	9266.30		

2-B-2.68 各地区股份制总承包和专业承包企业收入情况

单位：万元

地　　区	主营业务收入	#主营业务成本	#主营业务税金及附　　加	其他业务收入	#其他业务利润
广西壮族自治区	**12655494**	**11895558**	**93933**	**137514.50**	**14517**
南宁市	5651411	5315445	41213	69693.70	7879
柳州市	2531208	2408995	7412	16492.90	2754
桂林市	1401808	1322694	11435	4807.30	2556
梧州市	167095	150564	2885	818.60	30
北海市	183508	168873	1119	650.10	153
防城港市	678951	640912	2971	4853.00	232
钦州市	360986	356986	3546	20953.30	111
贵港市	297159	275733	6093	481.30	
玉林市	579754	529504	7279	49.70	6
百色市	171532	147966	2836	4327.30	41
贺州市	45886	40649	1278	3970.00	
河池市	171685	152422	2297	768.00	290
来宾市	323573	303700	2570	9649.30	466
崇左市	90941	81116	1000		

2-B-2.69 各地区股份制总承包和专业承包企业费用情况

单位：万元

地　　区	管理费用	销售费用	财务费用		
				#利息收入	#利息支出
广西壮族自治区	**373896.10**	**14283.50**	**89953.20**	**6224.70**	**83665.70**
南宁市	172161.40	3563.20	33948.40	3143.70	32597.60
柳州市	64386.70	795.80	39089.70	1421.90	38989.60
桂林市	29625.00	188.30	4929.10	831.10	3800.80
梧州市	6266.20	1259.40	905.40	13.40	378.80
北海市	8536.20	165.40	451.20	48.20	378.40
防城港市	16124.90	346.60	2474.80	34.10	1440.40
钦州市	10159.00	808.80	785.50	13.30	13.10
贵港市	6745.20	169.20	863.80	88.90	285.90
玉林市	30722.10	2364.60	302.80	15.00	86.90
百色市	7115.20	463.90	1440.40	497.40	881.80
贺州市	1718.10	498.90	28.40	1.80	19.80
河池市	7839.90	3614.80	157.90	4.80	209.60
来宾市	9491.90	0.60	4555.50	99.50	4558.30
崇左市	3004.30	44.00	20.30	11.60	24.70

2-B-2.70 各地区股份制总承包和专业承包企业利润及税金情况

单位：万元

地　区	利润总额	#应缴所得税	税金总额	主营业务税金及附加	应缴增值税
广西壮族自治区	**229099.00**	**72869.00**	**395336.30**	**93933.40**	**301402.90**
南宁市	85494.00	15160.80	148161.90	41213.30	106948.60
柳州市	17263.40	6217.30	64632.40	7411.90	57220.50
桂林市	35867.40	21072.70	66083.90	11434.90	54649.00
梧州市	5365.40	2533.80	9732.00	2884.60	6847.40
北海市	4967.50	2103.60	6531.70	1118.90	5412.80
防城港市	16770.20	5084.40	10959.80	2970.70	7989.10
钦州市	12329.90	7241.30	16780.50	3546.40	13234.10
贵港市	9275.20	2797.60	14491.20	6092.80	8398.40
玉林市	9438.20	2451.10	20381.80	7279.30	13102.50
百色市	13514.90	2276.00	8562.40	2835.90	5726.50
贺州市	1931.00	755.80	2453.50	1278.00	1175.50
河池市	6188.60	2236.00	9266.90	2297.30	6969.60
来宾市	5349.70	1333.70	13383.40	2569.60	10813.80
崇左市	5343.60	1604.90	3914.90	999.80	2915.10

2-B-2.71 各地区股份制总承包和专业承包企业应收工程款及企业亏损情况

地　区	应收工程款（万元）	企业个数（个）	#亏损企业个数	亏损企业的比重（%）
广西壮族自治区	**1712129**	**317**	**46**	**14.51**
南宁市	599108	71	10	14.08
柳州市	301177	25	5	20.00
桂林市	381402	60	10	16.67
梧州市	55442	13		
北海市	33702	9	2	22.22
防城港市	28538	22	4	18.18
钦州市	97302	16	2	12.50
贵港市	69313	17	2	11.76
玉林市	33537	12	2	16.67
百色市	42246	30	4	13.33
贺州市	9362	6		
河池市	25413	18	1	5.56
来宾市	27103	10	2	20.00
崇左市	8484	8	2	25.00

2-B-2.72 各地区股份制总承包和专业承包企业主要经济效益指标

地　区	产值利润率（%）	产值利税率（%）	资本利润率（%）	资本利税率（%）	人均利润（元/人）	人均利税（元/人）	资产负债率（%）
广西壮族自治区	**1.50**	**4.00**	**15.00**	**40.80**	**5038**	**13731**	**64.20**
南宁市	1.20	3.20	13.10	35.80	4088	11173	55.70
柳州市	0.60	2.90	7.50	35.70	2187	10374	82.90
桂林市	2.00	5.70	25.30	71.90	7459	21202	80.00
梧州市	3.30	9.30	20.80	58.50	17505	49257	67.60
北海市	2.00	4.60	13.10	30.2	9060	20972	33.80
防城港市	2.40	4.00	19.70	32.60	8887	14695	61.70
钦州市	1.50	3.60	17.30	41.00	3104	7327	58.70
贵港市	3.00	7.60	16.00	41.10	12662	32446	68.90
玉林市	1.90	5.90	13.50	42.50	6459	20408	25.90
百色市	7.90	13.00	29.80	48.70	21840	35678	44.10
贺州市	4.00	9.10	21.40	48.60	14900	33831	62.40
河池市	3.30	8.30	18.20	45.40	10268	25644	37.90
来宾市	1.20	4.10	9.60	33.40	3730	13061	77.40
崇左市	6.10	10.50	36.90	64.00	31713	54947	65.50

2-B-3.1 各行业总承包和专业承包企业签订合同情况

单位：万元

行业	签订合同额		
		上年结转合同额	本年新签合同额
总 计	**87205452.90**	**37946288.90**	**49259164.00**
房屋建筑业	60042533.90	23963308.90	36079225.00
土木工程建筑业	24776944.80	12997206.80	11779738.00
铁路、道路、隧道和桥梁工程建筑	18422549.50	9787660.00	8634889.50
水利和水运工程建筑	2667075.00	1280015.80	1387059.20
海洋工程建筑			
工矿工程建筑	1474902.00	1002901.00	472001.00
架线和管道工程建筑	1100520.30	298016.50	802503.80
建筑安装业	1740039.20	779648.30	960390.90
建筑装饰、装修和其他建筑业	645935.00	206124.90	439810.10

2-B-3.2 各行业总承包和专业承包企业承包工程完成情况

单位：万元

行　业	直接从建设单位承揽工程完成的产值			从建设单位以外承揽工程完成的产值
		自行完成施工产值	分包出去工程的产值	
总　计	**44372884.00**	**42722237.30**	**1650646.70**	**1290239.40**
房屋建筑业	32896421.90	32615727.80	280694.10	455115.40
土木工程建筑业	10270016.30	8923406.00	1346610.30	777394.10
铁路、道路、隧道和桥梁工程建筑	8019593.00	6750705.50	1268887.50	572337.20
水利和水运工程建筑	749265.70	716747.90	32517.80	72427.90
海洋工程建筑				
工矿工程建筑	455288.50	452495.20	2793.30	72659.50
架线和管道工程建筑	601202.40	560667.50	40534.90	23070.90
建筑安装业	899209.80	882556.40	16653.40	41013.50
建筑装饰、装修和其他建筑业	307236.00	300547.10	6688.90	16716.40

2-B-3.3 各行业总承包和专业

行　业	建筑业总产值		
		#装饰装修产值	#在外省完成的产值
总　计	**44012476.70**	**1434019.30**	**7133278.10**
房屋建筑业	33070843.20	1232321.90	4870656.80
土木工程建筑业	9700800.10	56774.90	2183314.70
铁路、道路、隧道和桥梁工程建筑	7323042.70	37002.40	1572652.80
水利和水运工程建筑	789175.80	12901.80	135205.80
海洋工程建筑			
工矿工程建筑	525154.70		371632.20
架线和管道工程建筑	583738.40	1112.00	6015.80
建筑安装业	923569.90	38132.50	74719.60
建筑装饰、装修和其他建筑业	317263.50	106790.00	4587.00

承包企业建筑业总产值和竣工产值

单位：万元

按构成分组			竣工产值
建筑工程产值	安装工程产值	其他产值	
38337183.00	**3584289.90**	**2091003.80**	**22781602.30**
29901359.70	1870317.30	1299166.20	17597436.00
7842894.80	1157632.00	700273.30	4570803.80
6625881.40	127855.80	569305.50	3477167.30
745949.90	34228.60	8997.30	361914.60
68353.80	444995.10	11805.80	257715.50
175254.00	397575.30	10909.10	301404.50
350918.30	531603.90	41047.70	455471.90
242010.20	24736.70	50516.60	157890.60

2-B-3.4 各行业总承包和专业承包企业房屋建筑面积

行　业	房屋建筑施工面积（万平方米）	#本年新开工	房屋竣工面积（万平方米）	房屋竣工率（%）
总　计	**26135.05**	**8876.51**	**8480.06**	**32.45**
房屋建筑业	24946.75	8346.69	8125.24	32.57
土木工程建筑业	1052.03	427.19	326.56	31.04
铁路、道路、隧道和桥梁工程建筑	915.80	361.97	279.32	30.50
水利和水运工程建筑	38.36	19.78	6.13	15.98
海洋工程建筑				
工矿工程建筑				
架线和管道工程建筑	10.79	6.33	0.89	8.25
建筑安装业	121.53	100.62	27.81	22.88
建筑装饰、装修和其他建筑业	14.74	2.01	0.44	2.99

2-B-3.5 各行业总承包和专业承包企业机械设备情况

行　业	年末自有施工机械设备总台数（万台）	年末自有施工机械设备总功率（千瓦）	年末自有施工机械设备净值（亿元）	技术装备率（元/人）	动力装备率（千瓦/人）
总　计	**13.27**	**3250072.00**	**59.27**	**6184.00**	**3.40**
房屋建筑业	9.93	1918128.00	39.52	4952.10	2.40
土木工程建筑业	2.81	1250135.00	18.60	14163.80	9.50
铁路、道路、隧道和桥梁工程建筑	0.80	506342.00	11.43	13548.50	6.00
水利和水运工程建筑	0.67	464595.00	3.42	23267.20	31.60
海洋工程建筑					
工矿工程建筑	0.64	98847.00	1.17	12953.30	11.00
架线和管道工程建筑	0.55	152435.00	1.82	12156.60	10.20
建筑安装业	0.29	49848.00	0.81	3664.20	2.30
建筑装饰、装修和其他建筑业	0.23	31961.00	0.34	4850.70	4.60

2-B-3.6 按主要用途分的各行业总

行业	合计			
		住宅房屋	商业及服务用房屋	办公用房屋
总 计	**8480.06**	**5244.75**	**549.30**	**630.75**
房屋建筑业	8125.24	5038.57	534.22	622.96
土木工程建筑业	326.56	198.33	14.73	7.75
铁路、道路、隧道和桥梁工程建筑	279.32	178.65	10.99	6.61
水利和水运工程建筑	6.13	1.50	2.79	0.04
海洋工程建筑				
工矿工程建筑				
架线和管道工程建筑	0.89			
建筑安装业	27.81	7.85	0.35	
建筑装饰、装修和其他建筑业	0.44			0.04

承包和专业承包企业房屋建筑竣工面积

单位：万平方米

科研、教育和医疗用房屋	文化、体育和娱乐用房屋	厂房及建筑物	仓库	其他未列明的房屋建筑物
877.28	**207.85**	**612.17**	**48.78**	**309.16**
810.01	200.55	568.91	46.78	303.25
66.38	7.30	27.53	2.00	2.53
64.61	7.28	7.15	2.00	2.03
1.77	0.02			
		0.89		
0.90		15.33		3.38
		0.41		

2-B-3.7 按主要用途分的各行业总

行　业	合计			
		住宅房屋	商业及服务用房屋	办公用房屋
总　计	**14276781.20**	**8628449.00**	**876227.10**	**1011206.70**
房屋建筑业	13647699.80	8254596.70	848367.70	992226.40
土木工程建筑业	472132.80	283981.20	27166.00	18867.80
铁路、道路、隧道和桥梁工程建筑	396226.30	252780.70	19484.40	11316.80
水利和水运工程建筑	10715.30	1356.90	5581.60	117.50
海洋工程建筑				
工矿工程建筑				
架线和管道工程建筑	1584.00			
建筑安装业	155964.10	89871.10	693.40	
建筑装饰、装修和其他建筑业	984.50			112.50

承包和专业承包企业房屋建筑竣工价值

单位：万元

科研、教育和医疗用房屋	文化、体育和娱乐用房屋	厂房及建筑物	仓库	其他未列明的房屋建筑物
1590679.70	**318144.00**	**987290.80**	**77952.80**	**786831.10**
1502587.30	305705.80	887927.00	75330.60	780958.30
87822.40	12438.20	37078.10	2622.20	2156.90
84208.10	12393.20	11372.30	2622.20	2048.60
3614.30	45.00			
		1584.00		
270.00		61417.70		3711.90
		868.00		4.00

2-B-3.8 按主要用途分的各行业总承包和专业承包企业主要生产效益指标

行　业	建筑业企业个数（个）	从事建筑业活动的平均人数（人）	按总产值计算劳动生产率（元/人）	人均竣工产值（元/人）	人均施工面积（平方米/人）	人均竣工面积（平方米/人）
总　计	**1405**	**1217100**	**359802.20**	**187179.40**	**214.70**	**69.70**
房屋建筑业	896	989351	330851.00	177868.50	252.20	82.10
土木工程建筑业	305	194682	511775.10	234783.10	54.00	16.80
铁路、道路、隧道和桥梁工程建筑	128	135940	580525.80	255786.90	67.40	20.50
水利和水运工程建筑	67	20334	370331.20	177985.00	18.90	3.00
海洋工程建筑						
工矿工程建筑	7	11007	484817.90	234137.80		
架线和管道工程建筑	65	16617	268917.10	181383.20	6.50	0.50
建筑安装业	111	23197	369428.00	196349.50	52.40	12.00
建筑装饰、装修和其他建筑业	93	9870	347876.60	159970.20	14.90	0.50

2-B-3.9 按主要用途分的各行业总承包和专业承包企业营业收入

单位：万元

行　业	营业收入	在境外完成的营业收入	企业总产值	#建筑业总产值
总　计	**37217750.10**	**356990.30**	**46107703.90**	**44012476.70**
房屋建筑业	26458818.80	198249.90	34324486.30	33070843.20
土木工程建筑业	9353103.20	114346.10	10476819.30	9700800.10
铁路、道路、隧道和桥梁工程建筑	6880003.50	6986.50	7449860.10	7323042.70
水利和水运工程建筑	774357.80	95564.10	1148776.40	789175.80
海洋工程建筑				
工矿工程建筑	319857.60	4823.00	538035.00	525154.70
架线和管道工程建筑	990027.40	6695.80	854696.50	583738.40
建筑安装业	993368.20	44394.30	963984.70	923569.90
建筑装饰、装修和其他建筑业	412459.90		342413.60	317263.50

2-B-3.10 各行业总承包和专业承包企业资产构成

单位：万元

行业	资产总计	#流动资产合计	#存货
总计	**29037068.80**	**23229764.30**	**3592340.00**
房屋建筑业	16131456.00	14047030.70	2240269.30
土木工程建筑业	11617642.30	8053222.20	1132057.90
铁路、道路、隧道和桥梁工程建筑	8545843.00	5712298.90	717995.70
水利和水运工程建筑	932550.20	712819.90	76785.10
海洋工程建筑			
工矿工程建筑	334147.40	284230.60	130479.30
架线和管道工程建筑	1300649.90	881535.80	157264.00
建筑安装业	948558.10	827645.10	174854.50
建筑装饰、装修和其他建筑业	339412.40	301866.30	45158.30

2-B-3.11 各行业总承包和专业承包企业固定资产情况

单位：万元

行　业	固定资产原价	累计折旧	#本年折旧	在建工程
总　计	**2414581.70**	**1056189.40**	**186896.70**	**353808.30**
房屋建筑业	1305138.90	474708.70	87724.50	226485.20
土木工程建筑业	950590.10	511982.10	85541.90	63355.40
铁路、道路、隧道和桥梁工程建筑	462532.90	236381.20	45265.50	41725.00
水利和水运工程建筑	162894.80	62334.80	8601.30	6344.00
海洋工程建筑				
工矿工程建筑	72739.30	41712.50	2898.50	549.50
架线和管道工程建筑	217552.60	151546.00	26399.90	7683.50
建筑安装业	125868.70	52051.40	11758.10	63778.50
建筑装饰、装修和其他建筑业	32984.00	17447.20	1872.20	189.20

2-B-3.12 各行业总承包和专业承包企业负债及所有者权益

单位：万元

行业	负债合计	#流动负债	#应付账款	所有者权益合计	#实收资本
总计	**19412761.60**	**16566078.30**	**5300646.70**	**9625683.50**	**6025778.50**
房屋建筑业	10233393.50	8607919.40	2529239.70	5898074.80	3436775.30
土木工程建筑业	8273271.60	7118535.60	2462653.20	3344370.70	2298198.00
铁路、道路、隧道和桥梁工程建筑	6148581.60	5253345.50	1748753.90	2397261.40	1608022.60
水利和水运工程建筑	633520.70	536201.20	199562.60	299029.50	231557.30
海洋工程建筑					
工矿工程建筑	238266.70	234952.70	127159.60	95880.70	59151.70
架线和管道工程建筑	888817.80	820563.00	254319.60	411832.10	286175.00
建筑安装业	678965.30	628936.00	252271.30	270956.80	201827.00
建筑装饰、装修和其他建筑业	227131.20	210687.30	56482.50	112281.20	88978.20

2-B-3.13 各行业总承包和专业承包企业实收资本

单位：万元

行　业	合计	国家资本	集体资本	法人资本	个人资本	港澳台资本	外商资本
总　计	**6025778.50**	**2193281.40**	**300683.70**	**1450542.30**	**2080250.00**	**10.30**	**10.20**
房屋建筑业	3436775.30	675784.10	241091.00	981321.40	1538578.50	0.20	0.10
土木工程建筑业	2298198.00	1435573.70	46822.80	366742.30	449059.00	0.10	0.10
铁路、道路、隧道和桥梁工程建筑	1608022.60	1092500.80	7973.50	219160.80	288387.50		
水利和水运工程建筑	231557.30	104223.70	4899.80	50648.10	71785.70		
海洋工程建筑							
工矿工程建筑	59151.70	44573.70	5880.00	1248.00	7450.00		
架线和管道工程建筑	286175.00	177433.20	15769.50	74152.20	18819.90	0.10	0.10
建筑安装业	201827.00	65059.00	10599.90	82500.80	42646.70	10.00	10.00
建筑装饰、装修和其他建筑业	88978.20	16864.60	2170.00	19977.80	49965.80		

2-B-3.14 各行业总承包和专业承包企业收入情况

单位：万元

行 业	主营业务收入	#主营业务成本	#主营业务税金及附 加	其他业务收入	#其他业务利润
总 计	**36749715.60**	**34123309.70**	**425985.10**	**468034.50**	**24152.30**
房屋建筑业	26140647.00	24512261.80	256457.50	318171.80	11285.30
土木工程建筑业	9249859.30	8369143.80	67477.70	103243.90	12025.40
铁路、道路、隧道和桥梁工程建筑	6857777.30	6213867.00	54686.50	22226.20	2042.40
水利和水运工程建筑	768121.30	688355.70	4376.20	6236.50	1798.00
海洋工程建筑					
工矿工程建筑	319247.10	297735.40	718.20	610.50	172.60
架线和管道工程建筑	935553.10	835457.40	4407.20	54474.30	8310.90
建筑安装业	982162.90	889056.10	99410.40	11205.30	890.30
建筑装饰、装修和其他建筑业	377046.40	352848.00	2639.50	35413.50	-48.70

2-B-3.15 各行业总承包和专业承包企业费用情况

单位：万元

行　业	管理费用	销售费用	财务费用	#利息收入	#利息支出
总　计	**1075372.80**	**54045.30**	**292357.60**	**20519.40**	**270085.87**
房屋建筑业	584490.20	31487.10	152963.00	11785.90	140634.30
土木工程建筑业	417011.40	16281.90	129636.90	7626.80	121722.77
铁路、道路、隧道和桥梁工程建筑	264990.00	3711.10	101284.30	6369.00	96226.77
水利和水运工程建筑	31963.20	1383.70	15279.40	552.30	12541.00
海洋工程建筑					
工矿工程建筑	13963.50	609.00	-218.80	15.30	269.40
架线和管道工程建筑	80922.10	10061.80	12622.50	679.60	11964.70
建筑安装业	53716.00	4463.90	8773.70	1121.60	6767.60
建筑装饰、装修和其他建筑业	20155.20	1812.40	984.00	-14.90	961.20

2-B-3.16 各行业总承包和专业承包企业利润及税金情况

单位：万元

行　　业	利润总额	税金总额		
			主营业务税金及附加	应缴增值税
总　计	**891298.90**	**1324680.50**	**425985.10**	**898695.40**
房屋建筑业	499726.70	908687.70	256457.50	652230.20
土木工程建筑业	357530.80	270948.00	67477.70	203470.30
铁路、道路、隧道和桥梁工程建筑	286933.90	199892.40	54686.50	145205.90
水利和水运工程建筑	28835.40	20474.80	4376.20	16098.60
海洋工程建筑				
工矿工程建筑	7494.40	8712.80	718.20	7994.60
架线和管道工程建筑	27693.70	28736.90	4407.20	24329.70
建筑安装业	20407.60	126396.80	99410.40	26986.40
建筑装饰、装修和其他建筑业	13633.80	18648.00	2639.50	16008.50

2-B-3.17 各行业总承包和专业承包企业应收工程款及企业亏损情况

行　业	应收工程款（万元）	企业个数（个）	#亏损企业个数	亏损企业的比重（%）
总　计	**5892339**	**1405**	**255**	**18.15**
房屋建筑业	3251449	896	166	18.53
土木工程建筑业	2274493	305	47	15.41
铁路、道路、隧道和桥梁工程建筑	1643668	128	17	13.28
水利和水运工程建筑	202492	67	12	17.91
海洋工程建筑				
工矿工程建筑	51202	7	1	14.29
架线和管道工程建筑	199306	65	10	15.38
建筑安装业	280119	111	23	20.72
建筑装饰、装修和其他建筑业	86278	93	19	20.43

2-B-3.18 各行业总承包和专

行　　业	产值利润率（%）	产值利税率（%）
总　计	**2.00**	**5.00**
房屋建筑业	1.50	4.30
土木工程建筑业	3.70	6.50
铁路、道路、隧道和桥梁工程建筑	3.90	6.60
水利和内河港口工程建筑	3.70	6.20
海洋工程建筑		
工矿工程建筑	1.40	3.10
架线和管道工程建筑	4.70	9.70
建筑安装业	2.20	15.90
建筑装饰业和其他建筑业	4.30	10.20

业承包企业主要经济效益指标

资本利润率（%）	资本利税率（%）	人均利润（元/人）	人均利税（元/人）	资产负债率（%）
14.80	**36.80**	**7323**	**18207**	**66.90**
14.50	41.00	5051	14236	63.40
15.60	27.30	18365	32282	71.20
17.80	30.30	21107	35812	71.90
12.50	21.30	14181	24250	67.90
12.70	27.40	6809	14724	71.30
9.70	19.70	16666	33960	68.30
10.10	72.70	8798	63286	71.60
15.30	36.30	13813	32707	66.90

2-B-4.1 各地区中央总承包和专业承包企业签订合同情况

单位：万元

地　　区	签订合同额		
		上年结转合同额	本年新签合同额
广西壮族自治区	**12274395.90**	**6652251.70**	**5622144.20**
南宁市	9108805.00	4291922.00	4816883.00
柳州市	1743475.00	1356851.20	386623.80
桂林市	1391990.20	996252.80	395737.40
梧州市			
北海市	30125.70	7225.70	22900.00
防城港市			
钦州市			
贵港市			
玉林市			
百色市			
贺州市			
河池市			
来宾市			
崇左市			

2-B-4.2 各地区中央总承包和专业承包企业承包工程完成情况

单位：万元

地 区	直接从建设单位承揽工程完成的产值			从建设单位以外承揽工程完成的产值
		自行完成施工产值	分包出去工程的产值	
广西壮族自治区	**4880970.30**	**3683554.30**	**1197416.00**	**220772.90**
南宁市	3983948.20	2786532.20	1197416.00	153762.00
柳州市	500238.40	500238.40		
桂林市	392031.30	392031.30		67010.90
梧州市				
北海市	4752.40	4752.40		
防城港市				
钦州市				
贵港市				
玉林市				
百色市				
贺州市				
河池市				
来宾市				
崇左市				

2-B-4.3 各地区中央总承包

地　　区	建筑业总产值		
		#装饰装修产值	#在外省完成的产值
广西壮族自治区	**3904327.20**	**97764.50**	**2541116.60**
南宁市	2940294.20	48530.50	1915209.70
柳州市	500238.40	49234.00	259113.00
桂林市	459042.20		366793.90
梧州市			
北海市	4752.40		
防城港市			
钦州市			
贵港市			
玉林市			
百色市			
贺州市			
河池市			
来宾市			
崇左市			

和专业承包企业总产值和竣工产值

单位：万元

按构成分组			竣工产值
建筑工程产值	安装工程产值	其他产值	
3105025.90	**606920.40**	**192380.90**	**1250421.60**
2563671.10	189425.10	187198.00	182407.30
495055.50		5182.90	817110.40
41546.90	417495.30		246151.50
4752.40			4752.40

2-B-4.4 各地区中央总承

地　区	房屋施工面积（万平方米）
广西壮族自治区	**588.88**
南宁市	246.34
柳州市	341.15
桂林市	1.39
梧州市	
北海市	
防城港市	
钦州市	
贵港市	
玉林市	
百色市	
贺州市	
河池市	
来宾市	
崇左市	

包和专业承包企业房屋建筑面积

	房屋竣工面积（万平方米）	房屋竣工率（%）
#本年新开工		
237.73	**132.45**	**22.49**
156.26	0.89	0.36
81.47	131.56	38.56

2-B-4.5 各地区按主要用途分的中

地　区	合计	住宅房屋	商业及服务用房屋	办公用房屋
广西壮族自治区	**132.45**	**117.33**	**0.06**	**0.54**
南宁市	0.89			
柳州市	131.56	117.33	0.06	0.54
桂林市				
梧州市				
北海市				
防城港市				
钦州市				
贵港市				
玉林市				
百色市				
贺州市				
河池市				
来宾市				
崇左市				

央总承包和专业承包企业房屋竣工面积

单位：万平方米

科研、教育和医疗用房屋	文化、体育和娱乐用房屋	厂房及建筑物	仓库	其他未列明的房屋建筑物
0.25	**0.13**	**0.89**	**0.06**	**13.19**
		0.89		
0.25	0.13		0.06	13.19

2-B-4.6 各地区按主要用途分的中

地　区	合计	住宅房屋	商业及服务用房屋	办公用房屋
广西壮族自治区	**271348.20**	**206573**	**171**	**2145**
南宁市	1584			
柳州市	269764.20	206573	171	2145
桂林市				
梧州市				
北海市				
防城港市				
钦州市				
贵港市				
玉林市				
百色市				
贺州市				
河池市				
来宾市				
崇左市				

央总承包和专业承包企业房屋竣工价值

单位：万元

科研、教育和医疗用房屋	文化、体育和娱乐用房屋	厂房及建筑物	仓库	其他未列明的房屋建筑物
1657	**1279**	**1584**	**135**	**57804.20**
		1584		
1657	1279		135	57804.20

2-B-4.7 各地区中央总承包和专业承包企业施工机械设备情况

地　　区	年末自有施工机械设备总台数（万台）	年末自有施工机械设备总功率（千瓦）	年末自有施工机械设备净值（亿元）	技术装备率（元/人）	动力装备率（千瓦/人）
广西壮族自治区	**1.80**	**508538**	**6.30**	**20663.70**	**16.70**
南宁市	1.09	381778	4.70	31268.30	25.40
柳州市	0.12	29384	0.55	7952.30	4.20
桂林市	0.59	97376	1.05	12711.90	11.80
梧州市					
北海市					
防城港市					
钦州市					
贵港市					
玉林市					
百色市					
贺州市					
河池市					
来宾市					
崇左市					

2-B-4.8 各地区中央总承包和专业承包企业主要生产效益指标

地　区	建筑业企业个数（个）	从事建筑业活动的平均人数（人）	按总产值计算劳动生产率（元/人）	人均竣工产值（元/人）	人均施工面积（平方米/人）	人均竣工面积（平方米/人）
广西壮族自治区	**20**	**64001**	**601378.10**	**195375.30**	**92.00**	**20.70**
南宁市	13	50044	572877.60	36449.40	49.20	0.20
柳州市	4	5011	1025078.70	1630633.40	680.80	262.60
桂林市	2	8919	528120.30	275985.50	1.60	
梧州市						
北海市	1	27	1827846.20	1760148.10		
防城港市						
钦州市						
贵港市						
玉林市						
百色市						
贺州市						
河池市						
来宾市						
崇左市						

2-B-4.9 各地区中央总承包和专业承包企业营业收入

单位：万元

地 区	营业收入	在境外完成的营业收入	企业总产值	建筑业总产值
广西壮族自治区	**4112460.40**	**95818**	**4236358.20**	**3904327.20**
南宁市	3479648.50	90995	3263347.10	2940294.20
柳州市	395608.60		509215.90	500238.40
桂林市	232192.00	4823	459042.20	459042.20
梧州市				
北海市	5011.30		4753.00	4752.40
防城港市				
钦州市				
贵港市				
玉林市				
百色市				
贺州市				
河池市				
来宾市				
崇左市				

2-B-4.10 各地区中央总承包和专业承包企业资产构成

单位：万元

地　　区	资产总计	#流动资产合计	#存货
广西壮族自治区	**6553988.10**	**4062390.60**	**455680.70**
南宁市	5712364.80	3297588.60	274343.80
柳州市	566460.50	514714.00	57980.00
桂林市	273628.50	249237.50	123356.90
梧州市			
北海市	1534.30	850.50	
防城港市			
钦州市			
贵港市			
玉林市			
百色市			
贺州市			
河池市			
来宾市			
崇左市			

2-B-4.11 各地区中央总承包和专业承包企业固定资产情况

单位：万元

地　区	固定资产原价	固定资产折旧		在建工程
			#本年折旧	
广西壮族自治区	**520718.30**	**298002.30**	**35123.90**	**7732.10**
南宁市	408787.80	225794.70	28470.00	7576.10
柳州市	51814.00	34143.40	4217.90	156.00
桂林市	59069.50	37701.00	2436.00	
梧州市				
北海市	1047	363.2		
防城港市				
钦州市				
贵港市				
玉林市				
百色市				
贺州市				
河池市				
来宾市				
崇左市				

2-B-4.12 各地区中央总承包和专业承包企业负债及所有者权益

单位：万元

地　　区	负债合计	#流动负债	#应付账款	所有者权益合计	#实收资本
广西壮族自治区	**5379644.90**	**4837525.20**	**1621207.30**	**1174343.20**	**1001309.40**
南宁市	4689385.90	4164395.30	1237048.20	1022978.90	903567.20
柳州市	489309.60	475494.60	274955.70	77150.90	53473.40
桂林市	200125.70	196811.70	109203.40	73502.80	43663.80
梧州市					
北海市	823.70	823.60		710.60	605.00
防城港市					
钦州市					
贵港市					
玉林市					
百色市					
贺州市					
河池市					
来宾市					
崇左市					

2-B-4.13 各地区中央总承包和专业承包企业实收资本

单位：万元

地　　区	合计	国家资本	集体资本	法人资本	个人资本	港澳台资本	外商资本
广西壮族自治区	**1001309.40**	**980189.50**	**803**	**20316.90**			
南宁市	903567.20	884156.90		19410.30			
柳州市	53473.40	52566.80		906.60			
桂林市	43663.80	42860.80	803				
梧州市							
北海市	605	605					
防城港市							
钦州市							
贵港市							
玉林市							
百色市							
贺州市							
河池市							
来宾市							
崇左市							

2-B-4.14 各地区中央总承包和专业承包企业收入情况

单位：万元

地　区	主营业务收入	#主营业务成本	#主营业务税金及附加	其他业务收入	#其他业务利润
广西壮族自治区	**4086604**	**3821166**	**10683**	**25856.30**	**4314**
南宁市	3454792	3221274	8725	24856	3542
柳州市	394837	378124	1527	771.40	671
桂林市	231963	216920	413	228.90	102
梧州市					
北海市	5011	4849	18		
防城港市					
钦州市					
贵港市					
玉林市					
百色市					
贺州市					
河池市					
来宾市					
崇左市					

2-B-4.15 各地区中央总承包和专业承包企业费用情况

单位：万元

地　　区	管理费用	销售费用	财务费用		
				#利息收入	#利息支出
广西壮族自治区	**120255.10**	**5877.90**	**105162.90**	**5547.10**	**105199.70**
南宁市	106141.50	4277.50	99788.90	5274.30	99230.30
柳州市	4522.80	1379.20	5728.40	251.60	5833.90
桂林市	9343.10	221.20	-353.60	22.50	135.50
梧州市					
北海市	247.70		-0.80	-1.30	
防城港市					
钦州市					
贵港市					
玉林市					
百色市					
贺州市					
河池市					
来宾市					
崇左市					

2-B-4.16 各地区中央总承包和专业承包企业利润及税金情况

单位：万元

地　　区	利润总额		税金总额		
		#应缴所得税		主营业务税金及附加	应缴增值税
广西壮族自治区	**60980.80**	**8183.40**	**55713.50**	**10683.30**	**45030.20**
南宁市	51297.40	6165.80	43027.90	8724.90	34303.00
柳州市	4323.30	886.10	5985.60	1527.00	4458.60
桂林市	5462.70	1097.10	6521.70	413.20	6108.50
梧州市					
北海市	-102.60	34.40	178.30	18.20	160.10
防城港市					
钦州市					
贵港市					
玉林市					
百色市					
贺州市					
河池市					
来宾市					
崇左市					

2-B-4.17 各地区中央总承包和专业承包企业应收工程款及企业亏损情况

地　　区	应收工程款（万元）	企业个数（个）		亏损企业的比重（%）
			#亏损企业个数	
广西壮族自治区	**1191557**	**20**	**3**	**15**
南宁市	954542	13	2	15.38
柳州市	197840	4		
桂林市	39176	2		
梧州市				
北海市		1	1	100
防城港市				
钦州市				
贵港市				
玉林市				
百色市				
贺州市				
河池市				
来宾市				
崇左市				

2-B-4.18 各地区中央总承包和专业承包企业主要经济效益指标

地　区	产值利润率（%）	产值利税率（%）	资本利润率（%）	资本利税率（%）	人均利润（元/人）	人均利税（元/人）	资产负债率（%）
广西壮族自治区	**1.60**	**3.00**	**6.10**	**11.70**	**9528**	**18233**	**82.10**
南宁市	1.70	3.20	5.70	10.40	10250	18848	82.10
柳州市	0.90	2.10	8.10	19.30	8628	20573	86.40
桂林市	1.20	2.60	12.50	27.40	6125	13437	73.10
梧州市							
北海市	-2.20	1.60	-17.00	12.50	-38000	28037	53.70
防城港市							
钦州市							
贵港市							
玉林市							
百色市							
贺州市							
河池市							
来宾市							
崇左市							

2-B-4.19 各地区地方总承包和专业承包企业签订合同情况

单位：万元

地　区	签订合同额		
		上年结转合同额	本年新签合同额
广西壮族自治区	**74931057.00**	**31294037.20**	**43637019.80**
南宁市	29935561.60	14640498.20	15295063.40
柳州市	13581923.90	5823732.30	7758191.60
桂林市	6919232.70	2846313.40	4072919.30
梧州市	637099.70	255320.20	381779.50
北海市	1979956.90	637179.30	1342777.60
防城港市	2357483.20	971401.30	1386081.90
钦州市	4073165.00	1306396.80	2766768.20
贵港市	2504275.60	465933.50	2038342.10
玉林市	7372089.80	2577640.40	4794449.40
百色市	1378956.70	446500.50	932456.20
贺州市	627152.30	163564.60	463587.70
河池市	1257162.90	499371.20	757791.70
来宾市	1776310.40	570972.50	1205337.90
崇左市	530686.30	89213.00	441473.30

2-B-4.20 各地区地方总承包和专业承包企业承包工程完成情况

单位：万元

地 区	直接从建设单位承揽工程完成的产值			从建设单位以外承揽工程完成的产值
		自行完成施工产值	分包出去工程的产值	
广西壮族自治区	**39491913.70**	**39038683.00**	**453230.70**	**1069466.50**
南宁市	13319099.20	13102469.50	216629.70	730865.60
柳州市	6802090.10	6796544.50	5545.60	15166.60
桂林市	3468489.70	3466390.60	2099.10	49913.60
梧州市	428294.90	428294.90		2558.20
北海市	1116991.50	1089192.80	27798.70	26966.70
防城港市	1476105.10	1373984.20	102120.90	115337.40
钦州市	2999012.00	2998762.00	250.00	1673.60
贵港市	1777674.10	1776894.70	779.40	29313.30
玉林市	4621851.30	4562628.20	59223.10	42340.30
百色市	847483.20	839869.00	7614.20	13939.60
贺州市	369243.60	369134.50	109.10	9335.10
河池市	862955.80	861556.70	1399.10	3174.90
来宾市	949769.30	935101.70	14667.60	12410.00
崇左市	452853.90	437859.70	14994.20	16471.60

2-B-4.21 各地区地方企业总

地　　区	建筑业总产值		
		#装饰装修产值	#在外省完成的产值
广西壮族自治区	**40108149.50**	**1336254.80**	**4592161.50**
南宁市	13833335.10	351237.80	1336444.70
柳州市	6811711.10	52705.30	1537544.30
桂林市	3516304.20	100271.00	218604.30
梧州市	430853.10	9322.30	44730.00
北海市	1116159.50	166206.40	73820.20
防城港市	1489321.60	55186.20	405223.70
钦州市	3000435.60	94660.90	578702.80
贵港市	1806208.00	6300.90	45626.90
玉林市	4604968.50	256716.70	100858.40
百色市	853808.60	101679.20	1.00
贺州市	378469.60	17182.30	
河池市	864731.60	5647.90	248505.10
来宾市	947511.70	117221.70	2100.00
崇左市	454331.30	1916.20	0.10

承包和专业承包总产值和竣工产值

单位：万元

按构成分组			竣工产值
建筑工程产值	安装工程产值	其他产值	
35232157.10	**2977369.50**	**1898622.90**	**21531180.70**
12089774.60	954460.70	789099.80	6655705.60
6004827.10	757441.20	49442.80	3632499.90
3286556.00	120588.00	109160.20	1855259.60
385427.20	27344.80	18081.10	247155.20
930564.60	89732.50	95862.40	623698.10
1363299.40	65727.30	60294.90	702202.60
2534457.50	255525.80	210452.30	1548320.00
1746532.10	40148.00	19527.90	1163499.90
3821214.70	384621.50	399132.30	3110326.50
702565.40	102696.90	48546.30	450973.10
348355.20	18207.80	11906.60	238917.80
736787.50	62810.00	65134.10	547281.10
879406.10	60641.50	7464.10	425149.50
402389.70	37423.50	14518.10	330191.80

2-B-4.22 各地区地方总承包

地　　区	房屋施工面积（万平方米）
广西壮族自治区	**25546.17**
南宁市	7693.77
柳州市	6994.39
桂林市	3489.41
梧州市	228.68
北海市	531.55
防城港市	509.31
钦州市	958.90
贵港市	1052.05
玉林市	2692.74
百色市	293.31
贺州市	138.43
河池市	259.40
来宾市	635.82
崇左市	68.42

和专业承包企业房屋建筑面积

#本年新开工	房屋竣工面积（万平方米）	房屋竣工率（%）
8638.78	**8347.61**	**32.68**
2222.16	1929.32	25.08
1343.12	1552.09	22.19
1007.33	914.07	26.20
131.15	103.95	45.46
269.77	214.86	40.42
302.21	308.48	60.57
534.82	604.79	63.07
637.53	586.93	55.79
1485.08	1475.81	54.81
139.44	170.26	58.05
91.11	94.74	68.44
100.46	132.31	51.01
332.59	204.80	32.21
42.01	55.21	80.69

2-B-4.23 各地区按主要用途分的地

地　区	合计	住宅房屋	商业及服务用房屋	办公用房屋
广西壮族自治区	**8347.61**	**5127.42**	**549.24**	**630.21**
南宁市	1929.32	1281.00	74.22	89.90
柳州市	1552.09	1117.51	74.53	41.61
桂林市	914.07	644.63	25.57	22.06
梧州市	103.95	52.29	2.34	4.41
北海市	214.86	99.52	39.33	10.82
防城港市	308.48	198.20	19.81	42.65
钦州市	604.79	316.27	45.46	80.54
贵港市	586.93	331.87	14.76	155.69
玉林市	1475.81	743.36	178.71	107.01
百色市	170.26	69.21	13.08	16.83
贺州市	94.74	52.66	24.79	3.61
河池市	132.31	72.74	11.51	24.84
来宾市	204.80	121.11	19.56	19.10
崇左市	55.21	27.06	5.59	11.16

方总承包和专业承包企业房屋竣工面积

单位：万平方米

科研、教育和医疗用房屋	文化、体育和娱乐用房屋	厂房及建筑物	仓库	其他未列明的房屋建筑物
877.03	**207.72**	**611.29**	**48.72**	**295.97**
242.78	44.19	157.32	5.89	34.02
100.13	12.40	157.25	8.47	40.19
78.24	6.38	47.81	2.28	87.10
26.09	1.41	17.14		0.26
41.97	3.41	11.88	1.67	6.26
15.04	1.92	6.42	2.48	21.96
75.04	33.40	38.03	14.98	1.07
51.61	7.71	15.83	0.05	9.42
157.17	75.99	128.79	9.72	75.06
41.01	8.86	13.33	0.42	7.52
6.32	0.71	3.87	0.74	2.06
15.02	4.53	1.94	0.03	1.69
18.92	5.10	10.76	1.78	8.48
7.69	1.69	0.92	0.20	0.89

2-B-4.24 各地区按主要用途分的地

地　　区	合计			
		住宅房屋	商业及服务用房屋	办公用房屋
广西壮族自治区	**14005433.00**	**8421876.00**	**876056.10**	**1009061.70**
南宁市	3311311.10	2130550.30	130420.40	180626.80
柳州市	3135983.20	1838795.00	217122.00	104798.10
桂林市	1461103.50	1052871.70	49222.60	47651.20
梧州市	158156.00	75872.20	5645.50	9116.70
北海市	451926.40	235768.90	84885.60	25539.60
防城港市	450137.20	329728.40	26314.60	40952.90
钦州市	1001309.50	517388.20	84359.40	126455.80
贵港市	846945.00	507620.10	20570.80	183623.80
玉林市	2170652.50	1173890.20	155217.40	175105.90
百色市	277152.60	117136.50	24728.10	27193.70
贺州市	136397.20	79968.00	31756.50	5656.20
河池市	212941.90	134719.30	16746.90	32741.20
来宾市	313797.30	191119.80	22278.00	32965.80
崇左市	77619.60	36447.40	6788.30	16634.00

方总承包和专业承包企业房屋竣工价值

单位：万元

科研、教育和医疗用房屋	文化、体育和娱乐用房屋	厂房及建筑物	仓库	其他未列明的房屋建筑物
1589022.70	**316865.00**	**985706.80**	**77817.80**	**729026.90**
444394.80	82056.70	255730.40	12060.60	75471.10
272640.60	43129.80	258157.90	13089.00	388250.80
149540.60	9428.20	70584.20	3559.00	78246.00
45324.70	2038.50	19445.80		712.60
43549.60	8194.80	27176.30	4225.40	22586.20
14541.40	1879.30	7698.00	2677.40	26345.20
125641.30	29142.30	93262.60	23132.00	1927.90
78298.00	12903.10	20031.00	200.00	23698.20
273811.80	101150.40	194246.00	14783.30	82447.50
63034.80	14410.50	21041.60	413.20	9194.20
9967.50	896.40	3645.00	789.80	3717.80
22371.30	2006.20	1938.30	52.80	2365.90
33561.50	7045.00	11905.20	1975.90	12946.10
12344.80	2583.80	844.50	859.40	1117.40

2-B-4.25 各地区地方总承包和专业承包企业施工机械设备情况

地　区	年末自有施工机械设备总台数（万台）	年末自有施工机械设备总功率（千瓦）	年末自有施工机械设备净值（亿元）	技术装备率（元/人）	动力装备率（千瓦/人）
广西壮族自治区	**11.46**	**2741534.00**	**52.97**	**5708.20**	**3.00**
南宁市	3.46	674011.00	14.31	5212.50	2.50
柳州市	0.95	75806.00	1.49	724.40	0.40
桂林市	0.58	130039.00	2.54	3723.30	1.90
梧州市	0.19	32299.00	1.35	18574.90	4.40
北海市	0.22	28068.00	0.96	4456.40	1.30
防城港市	0.76	409167.00	3.54	20138.30	23.30
钦州市	1.30	330479.00	5.89	3786.80	2.10
贵港市	0.32	94434.00	2.39	9617.10	3.80
玉林市	1.50	439231.00	7.50	8369.20	4.90
百色市	0.68	78788.00	2.57	16741.90	5.10
贺州市	0.20	43773.00	0.62	9980.80	7.00
河池市	0.67	247729.00	6.75	36710.60	13.50
来宾市	0.46	67918.00	1.10	6902.50	4.20
崇左市	0.19	89792.00	1.95	27896.00	12.80

2-B-4.26 各地区地方总承包和专业承包企业主要生产效益指标

地　区	建筑业企业个数（个）	从事建筑业活动的平均人数（人）	按总产值计算劳动生产率（元/人）	人均竣工产值（元/人）	人均施工面积（平方米/人）	人均竣工面积（平方米/人）
广西壮族自治区	**1385**	**1153099**	**346262.00**	**186724.50**	**221.50**	**72.40**
南宁市	367	369746	383372.20	180007.50	208.10	52.20
柳州市	91	209568	295925.90	173332.80	333.80	74.10
桂林市	123	94784	399017.80	195735.50	368.10	96.40
梧州市	44	10166	532574.90	243119.40	224.90	102.20
北海市	62	25711	405566.50	242580.30	206.70	83.60
防城港市	78	41767	366430.90	168123.80	121.90	73.90
钦州市	94	154065	175239.60	100497.80	62.20	39.30
贵港市	67	41322	500099.10	281569.10	254.60	142.00
玉林市	125	104060	460262.10	298897.40	258.80	141.80
百色市	123	29357	314154.30	153616.90	99.90	58.00
贺州市	56	10622	377300.00	224927.30	130.30	89.20
河池市	63	22791	397815.50	240130.40	113.80	58.10
来宾市	51	27013	383654.60	157387.00	235.40	75.80
崇左市	41	12127	382015.70	272278.20	56.40	45.50

2-B-4.27 各地区地方总承包和专业承包企业营业收入

单位：万元

地　区	营业收入	#在境外完成的营业收入	企业总产值	#建筑业总产值
广西壮族自治区	**33105289.70**	**261172.30**	**41871345.70**	**40108149.50**
南宁市	11493635.40	67651.10	14222919.00	13833335.10
柳州市	5900741.90	151367.70	7503345.00	6811711.10
桂林市	2956375.90	67.40	3843140.20	3516304.20
梧州市	360136.50	5643.80	440490.70	430853.10
北海市	1012308.60	5768.10	1157250.30	1116159.50
防城港市	1305013.90	14100.90	1573645.40	1489321.60
钦州市	1399546.90	8400.00	3062716.80	3000435.60
贵港市	1460219.90	2058.70	1824869.50	1806208.00
玉林市	3945381.40		4656115.80	4604968.50
百色市	840465.20	5882.60	885367.70	853808.60
贺州市	398757.30		381083.80	378469.60
河池市	951339.70		883673.30	864731.60
来宾市	620767.20	232.00	970764.00	947511.70
崇左市	460599.90		465964.20	454331.30

2-B-4.28 各地区地方总承包和专业承包企业资产构成

单位：万元

地　区	资产总计	#流动资产合计	#存货
广西壮族自治区	**22483080.70**	**19167373.70**	**3136659.30**
南宁市	9692055.10	8356587.70	1238291.80
柳州市	3629293.40	3173113.60	779183.30
桂林市	1732645.70	1583520.40	221279.80
梧州市	288896.70	237589.00	43842.60
北海市	580102.60	502158.50	51310.60
防城港市	911958.90	752328.30	156270.20
钦州市	950081.60	787320.80	91914.60
贵港市	915094.50	753563.50	119704.80
玉林市	1264197.70	950256.20	137543.40
百色市	534717.80	381300.60	46750.50
贺州市	259178.40	210362.20	45742.40
河池市	789597.40	659007.30	68233.00
来宾市	670682.90	627253.00	130032.20
崇左市	264578.00	193012.60	6560.10

2-B-4.29 各地区地方总承包和专业承包企业固定资产情况

单位：万元

地　区	固定资产原价	固定资产折旧	#本年折旧	在建工程
广西壮族自治区	**1893863.40**	**758187.10**	**151772.80**	**346076.20**
南宁市	644649.90	277959.00	42043.40	61786.20
柳州市	222459.80	84856.00	16356.20	70905.60
桂林市	89915.60	35007.30	8472.60	28378.90
梧州市	42295.50	21449.10	1583.60	1598.50
北海市	34448.50	14786.10	1983.60	87021.10
防城港市	107733.70	44250.50	5769.10	2009.00
钦州市	211002.90	82919.70	30203.00	15291.20
贵港市	65810.50	23709.40	3355.90	26155.50
玉林市	219701.20	82908.00	12595.30	8107.10
百色市	50756.20	14855.80	2937.80	22026.90
贺州市	28462.00	5493.10	959.70	111.50
河池市	119596.20	42378.50	11268.10	10436.10
来宾市	24185.00	10496.20	1936.30	8265.00
崇左市	32846.40	17118.40	12308.20	3983.60

2-B-4.30 各地区地方总承包和专业承包企业负债及所有者权益

单位：万元

地　区	负债合计	#流动负债	#应付账款	所有者权益合计	#实收资本
广西壮族自治区	**14033116.70**	**11728553.10**	**3679439.40**	**8451340.30**	**5024469.10**
南宁市	5924131.70	4971444.70	1505250.90	3767923.40	2072630.10
柳州市	2864382.10	2479717.30	531737.10	764911.30	577692.80
桂林市	1318540.60	1140046.30	509104.00	414105.10	268287.10
梧州市	181163.00	153986.90	60078.50	107733.70	70900.30
北海市	313918.60	276957.90	137129.10	266184.00	156307.10
防城港市	481987.40	412389.20	96947.10	431276.10	272994.30
钦州市	479660.10	417269.50	127256.90	470421.50	346605.00
贵港市	594289.30	274227.60	98993.60	320864.60	175225.00
玉林市	474083.90	410689.50	121154.80	790113.80	464543.70
百色市	269136.30	189614.50	67813.60	265581.50	169478.70
贺州市	144769.00	134009.60	24500.40	114409.40	90260.80
河池市	386001.80	364903.10	191487.40	403595.60	152349.30
来宾市	470616.20	406872.10	179408.60	200066.70	141556.30
崇左市	130436.70	96424.90	28577.40	134153.60	65638.60

2-B-4.31 各地区地方总承包和专业承包企业实收资本

单位：万元

地　区	实收资本	国家资本	集体资本	法人资本	个人资本	港澳台资本	外商资本
广西壮族自治区	**5024469.10**	**1213091.90**	**299880.70**	**1430225.40**	**2080250.00**	**10.30**	**10.20**
南宁市	2072630.10	817459.30	48445.50	438070.60	768634.70	10.00	10.00
柳州市	577692.80	290378.60	11236.80	158287.10	117790.30		
桂林市	268287.10	21849.70	25348.40	111719.00	109370.00		
梧州市	70900.30	399.60	13357.00	15816.00	41327.70		
北海市	156307.10	2903.40	15731.00	60831.50	76841.20		
防城港市	272994.30	9793.50	3386.20	127014.30	131799.60	0.10	
钦州市	346605.00	2003.00	25517.10	178541.20	140543.70		
贵港市	175225.00	21919.20	15256.30	55468.70	82580.80		
玉林市	464543.70	11081.20	49831.80	112407.50	291223.00	0.10	0.10
百色市	169478.70	14311.00	34260.90	51085.40	69821.20	0.10	0.10
贺州市	90260.80	10881.80	5632.30	23329.60	50417.10		
河池市	152349.30	5591.90	11154.80	57034.10	78568.50		
来宾市	141556.30	3667.70	34946.40	20240.90	82701.30		
崇左市	65638.60	852.00	5776.20	20379.50	38630.90		

2-B-4.32 各地区地方总承包和专业承包企业收入情况

单位：万元

地　区	主营业务收入	#主营业务成本	#主营业务税金及附加	其他业务收入	#其他业务利润
广西壮族自治区	**32663111.50**	**30302143.50**	**415301.80**	**442178.20**	**19837.90**
南宁市	11280139.30	10412048.20	181600.10	213496.10	11232.00
柳州市	5850347.60	5587215.30	22421.20	50394.30	1533.10
桂林市	2935349.80	2780625.80	26471.60	21026.10	2990.10
梧州市	358801.00	315264.20	7085.40	1335.50	66.80
北海市	987965.20	928297.30	5451.30	24343.40	1277.10
防城港市	1291955.00	1192241.20	9561.00	13058.90	497.90
钦州市	1339908.40	1206329.60	12971.90	59638.50	294.70
贵港市	1459102.20	1363975.80	11574.40	1117.70	160.60
玉林市	3937627.00	3622051.20	88264.20	7754.40	552.90
百色市	828993.30	739949.60	14730.80	11471.90	159.70
贺州市	394070.40	365145.00	5444.00	4686.90	190.70
河池市	949014.20	819906.30	14562.90	2325.50	379.30
来宾市	589463.10	552941.30	6114.20	31304.10	481.00
崇左市	460375.00	416152.70	9048.80	224.90	22.00

2-B-4.33 各地区地方总承包和专业承包企业费用情况

单位：万元

地　区	管理费用	销售费用	财务费用		
				#利息收入	#利息支出
广西壮族自治区	**955117.70**	**48167.40**	**187194.70**	**14972.30**	**164886.17**
南宁市	452687.30	17460.40	71211.30	6905.40	58749.00
柳州市	121708.50	703.20	79775.40	5190.00	81612.10
桂林市	57390.00	1473.30	8888.50	1508.20	7605.70
梧州市	13826.80	3283.90	2163.40	62.20	1012.80
北海市	24878.80	933.70	1176.30	140.50	481.00
防城港市	38427.00	1246.50	6098.40	79.90	4216.10
钦州市	31467.10	1819.20	1701.20	172.50	471.20
贵港市	24176.60	216.60	1910.00	-134.90	881.07
玉林市	95676.30	9684.50	5156.00	243.50	2918.20
百色市	21832.90	1003.00	2420.80	560.10	1423.20
贺州市	9196.20	1330.00	325.10	20.40	156.50
河池市	33511.80	7728.80	903.00	77.90	348.40
来宾市	19485.70	471.40	5149.80	102.50	4695.80
崇左市	10852.70	812.90	315.50	44.10	315.10

2-B-4.34 各地区地方总承包和专业承包企业利润及税金情况

单位：万元

地　　区	利润总额	#应缴所得税	税金总额	主营业务税金及附加	应缴增值税
广西壮族自治区	**830318.10**	**301669.00**	**1268967.00**	**415301.80**	**853665.20**
南宁市	269217.10	97766.70	449453.50	181600.10	267853.40
柳州市	48428.30	12133.90	151596.90	22421.20	129175.70
桂林市	57111.10	28403.60	125293.60	26471.60	98822.00
梧州市	17450.40	5095.90	19406.60	7085.40	12321.20
北海市	30803.20	14410.00	30938.70	5451.30	25487.40
防城港市	44192.70	14486.30	38438.20	9561.00	28877.20
钦州市	55720.90	23010.00	54101.80	12971.90	41129.90
贵港市	57568.80	24229.40	58661.70	11574.40	47087.30
玉林市	85299.80	33579.30	181102.40	88264.20	92838.20
百色市	46879.80	13817.90	44623.40	14730.80	29892.60
贺州市	12312.00	6865.30	17602.40	5444.00	12158.40
河池市	72935.00	17993.70	47751.80	14562.90	33188.90
来宾市	9874.20	3941.50	28702.00	6114.20	22587.80
崇左市	22524.80	5935.50	21294.00	9048.80	12245.20

2-B-4.35 各地区地方总承包和专业承包企业应收工程款及企业亏损情况

地　区	应收工程款（万元）	企业个数（个）	#亏损企业个数	亏损企业的比重（%）
广西壮族自治区	**4700782**	**1385**	**252**	**18.19**
南宁市	1568574	367	68	18.53
柳州市	730099	91	19	20.88
桂林市	474399	123	24	19.51
梧州市	77579	44	7	15.91
北海市	145644	62	12	19.35
防城港市	218472	78	20	25.64
钦州市	213554	94	14	14.89
贵港市	218622	67	12	17.91
玉林市	228408	125	17	13.60
百色市	126590	123	25	20.33
贺州市	57156	56	5	8.93
河池市	455302	63	10	15.87
来宾市	113761	51	13	25.49
崇左市	72623	41	6	14.63

2-B-4.36 各地区地方总承包和专业承包企业主要经济效益指标

地　　区	产值利润率（%）	产值利税率（%）	资本利润率（%）	资本利税率（%）	人均利润（元/人）	人均利税（元/人）	资产负债率（%）
广西壮族自治区	**2.10**	**5.20**	**16.50**	**41.80**	**7201**	**18206**	**62.40**
南宁市	1.90	5.20	12.90	34.50	7277	19472	61.20
柳州市	0.70	3.00	8.70	34.80	2393	9612	78.70
桂林市	1.60	5.20	21.30	68.00	6025	19244	76.10
梧州市	4.10	8.60	24.60	52.00	17165	36255	62.70
北海市	2.70	5.50	20.10	40.60	11922	24022	52.80
防城港市	3.00	5.50	16.10	30.20	10504	19646	52.80
钦州市	1.90	3.70	16.10	31.70	3617	7128	50.50
贵港市	3.20	6.40	33.80	68.20	13901	28075	65.30
玉林市	1.90	5.80	18.40	57.30	8197	25601	37.50
百色市	5.50	10.70	27.70	54.00	15969	31169	50.30
贺州市	3.30	7.90	13.60	33.10	11591	28163	55.90
河池市	8.40	14.00	47.90	79.20	32002	52954	48.90
来宾市	1.00	4.10	7.00	27.30	3655	14281	70.20
崇左市	5.00	9.60	34.30	66.80	18574	36133	49.30

2-C-1 各地区总承包建筑业企业签订合同情况

单位：万元

地　区	签订合同额		
		上年结转合同额	本年新签合同额
广西壮族自治区	**84730535.80**	**37091707.60**	**47638828.20**
南宁市	37460894.40	18340153.40	19120741.00
柳州市	15213222.90	7133602.30	8079620.60
桂林市	8081338.10	3795239.20	4286098.90
梧州市	621182.50	254789.10	366393.40
北海市	1879675.00	616624.30	1263050.70
防城港市	2314545.10	941955.50	1372589.60
钦州市	4037085.20	1293687.00	2743398.20
贵港市	2461545.10	447444.40	2014100.70
玉林市	7296529.60	2559338.60	4737191.00
百色市	1343145.60	435274.30	907871.30
贺州市	623637.00	163499.30	460137.70
河池市	1193452.30	482344.90	711107.40
来宾市	1677561.20	538542.30	1139018.90
崇左市	526721.80	89213.00	437508.80

2-C-2 各地区总承包建筑业企业承包工程完成情况

单位：万元

地　区	直接从建设单位承揽工程完成的产值			从建设单位以外承揽工程完成的产值
		自行完成施工产值	分包出去工程的产值	
广西壮族自治区	**43065907.20**	**41465716.00**	**1600191.20**	**1166748.50**
南宁市	16540621.10	15158785.50	1381835.60	820706.40
柳州市	7233669.80	7228319.30	5350.50	8486.20
桂林市	3743547.50	3741705.40	1842.10	79822.20
梧州市	420190.40	420190.40		58.20
北海市	1043845.30	1023437.70	20407.60	25338.00
防城港市	1454998.00	1352877.10	102120.90	115337.40
钦州市	2977545.30	2977295.30	250.00	1673.60
贵港市	1743685.50	1742906.10	779.40	29313.30
玉林市	4575258.00	4526437.10	48820.90	30789.90
百色市	823988.50	816374.30	7614.20	13939.60
贺州市	366016.80	365907.70	109.10	9335.10
河池市	823467.10	822068.00	1399.10	3067.00
来宾市	870184.50	855516.90	14667.60	12410.00
崇左市	448889.40	433895.20	14994.20	16471.60

2-C-3 各地区总承包企

地　　区	建筑业总产值		
		#装饰装修产值	#在外省完成的产值
广西壮族自治区	**42632464.50**	**1287097.40**	**7107334.90**
南宁市	15979491.90	288425.80	3230867.50
柳州市	7236805.50	94739.30	1795115.10
桂林市	3821527.60	80851.40	581952.20
梧州市	420248.60	9299.30	44730.00
北海市	1048775.70	161660.20	73820.20
防城港市	1468214.50	54943.40	405223.70
钦州市	2978968.90	94004.90	578534.70
贵港市	1772219.40	6300.90	45626.90
玉林市	4557227.00	256571.10	100858.40
百色市	830313.90	101159.80	1.00
贺州市	375242.80	14355.50	
河池市	825135.00	5647.90	248505.10
来宾市	867926.90	117221.70	2100.00
崇左市	450366.80	1916.20	0.10

业建筑业总产值和竣工产值

单位：万元

按构成分组			竣工产值
建筑工程产值	安装工程产值	其他产值	
37602042.70	**3038575.20**	**1991846.60**	**22017675.00**
14192324.60	884445.60	902721.70	6458390.60
6452776.60	737805.20	46223.70	4406833.20
3241459.50	484966.10	95102.00	1980333.90
375253.20	26914.30	18081.10	243675.20
900875.00	54394.10	93506.60	589846.10
1343956.60	64235.10	60022.80	688381.30
2529893.40	238623.20	210452.30	1536370.50
1743121.00	9570.50	19527.90	1137527.80
3815668.80	342635.60	398922.60	3072443.10
698513.50	83254.10	48546.30	433488.80
345228.40	18107.80	11906.60	235691.00
736787.50	23321.30	65026.20	526440.40
823794.90	36843.30	7288.70	382025.80
402389.70	33459.00	14518.10	326227.30

2-C-4 各地区总承包

地　区	房屋施工面积 （万平方米）
广西壮族自治区	**26045.86**
南宁市	7921.19
柳州市	7327.53
桂林市	3470.30
梧州市	228.68
北海市	530.03
防城港市	505.40
钦州市	958.48
贵港市	1052.05
玉林市	2692.02
百色市	293.31
贺州市	136.73
河池市	259.40
来宾市	602.32
崇左市	68.42

建筑业企业房屋建筑面积

#本年新开工	房屋竣工面积（万平方米）	房屋竣工率（%）
8831.04	**8436.83**	**32.39**
2374.48	1924.76	24.30
1420.52	1676.85	22.88
994.43	896.93	25.85
131.15	103.95	45.46
268.93	214.21	40.41
299.21	304.56	60.26
534.82	604.39	63.06
637.53	586.93	55.79
1484.60	1475.19	54.80
139.44	170.26	58.05
89.91	94.24	68.92
100.46	132.31	51.01
313.54	197.04	32.71
42.02	55.21	80.69

2-C-5 各地区按主要用途分

地　　区	合计			
		住宅房屋	商业及服务用房屋	办公用房屋
广西壮族自治区	**8436.83**	**5229.22**	**549.20**	**629.87**
南宁市	1924.76	1281.00	74.12	89.90
柳州市	1676.85	1230.98	74.59	41.67
桂林市	896.93	644.63	25.57	21.76
梧州市	103.95	52.29	2.34	4.41
北海市	214.21	99.52	39.33	10.72
防城港市	304.56	194.28	19.81	42.65
钦州市	604.39	316.27	45.46	80.54
贵港市	586.93	331.87	14.76	155.69
玉林市	1475.19	743.36	178.71	107.01
百色市	170.26	69.21	13.08	16.83
贺州市	94.24	52.66	24.79	3.61
河池市	132.31	72.74	11.51	24.84
来宾市	197.04	113.35	19.56	19.10
崇左市	55.21	27.06	5.59	11.16

的总承包建筑业企业房屋竣工面积

单位：万平方米

科研、教育和医疗用房屋	文化、体育和娱乐用房屋	厂房及建筑物	仓库	其他未列明的房屋建筑物
875.31	**207.56**	**591.81**	**48.78**	**305.08**
241.88	44.19	157.66	5.89	30.13
100.38	12.53	154.79	8.53	53.38
78.03	6.20	31.36	2.28	87.10
26.09	1.41	17.14		0.26
41.54	3.30	11.88	1.67	6.26
15.04	1.92	6.42	2.48	21.96
75.04	33.40	37.62	14.98	1.07
51.61	7.71	15.83	0.05	9.42
156.74	75.99	128.79	9.72	74.86
41.01	8.86	13.33	0.42	7.52
6.32	0.71	3.37	0.74	2.06
15.02	4.53	1.94	0.03	1.69
18.92	5.10	10.76	1.78	8.48
7.69	1.69	0.92	0.20	0.89

2-C-6 各地区按主要用途分

地　　区	合计			
		住宅房屋	商业及服务用房屋	办公用房屋
广西壮族自治区	**14210259.10**	**8594999.00**	**876197.10**	**1009478.50**
南宁市	3308665.60	2130550.30	130390.40	180626.80
柳州市	3400953.40	2042768.00	217293.00	106245.10
桂林市	1437487.10	1052871.70	49222.60	46775.80
梧州市	158156.00	75872.20	5645.50	9116.70
北海市	450954.40	235768.90	84885.60	25384.80
防城港市	441137.20	320728.40	26314.60	40952.90
钦州市	1000441.50	517388.20	84359.40	126455.80
贵港市	846945.00	507620.10	20570.80	183623.80
玉林市	2169760.30	1173890.20	155217.40	175105.90
百色市	277152.60	117136.50	24728.10	27193.70
贺州市	136097.20	79968.00	31756.50	5656.20
河池市	212941.90	134719.30	16746.90	32741.20
来宾市	291947.30	169269.80	22278.00	32965.80
崇左市	77619.60	36447.40	6788.30	16634.00

的总承包建筑业企业房屋竣工价值

单位：万元

科研、教育和医疗用房屋	文化、体育和娱乐用房屋	厂房及建筑物	仓库	其他未列明的房屋建筑物
1588583.50	**317499.70**	**962727.20**	**77952.80**	**782821.30**
444124.80	82056.70	257205.10	12060.60	71650.90
274297.60	44408.80	256661.90	13224.00	446055.00
149063.40	8954.70	48793.90	3559.00	78246.00
45324.70	2038.50	19445.80		712.60
42903.20	8024.00	27176.30	4225.40	22586.20
14541.40	1879.30	7698.00	2677.40	26345.20
125641.30	29142.30	92394.60	23132.00	1927.90
78298.00	12903.10	20031.00	200.00	23698.20
273109.20	101150.40	194246.00	14783.30	82257.90
63034.80	14410.50	21041.60	413.20	9194.20
9967.50	896.40	3345.00	789.80	3717.80
22371.30	2006.20	1938.30	52.80	2365.90
33561.50	7045.00	11905.20	1975.90	12946.10
12344.80	2583.80	844.50	859.40	1117.40

2-C-7 各地区总承包建

地　区	年末自有施工机械设备总台数（万台）	年末自有施工机械设备总功率（千瓦）
广西壮族自治区	**12.74**	**3158289**
南宁市	4.34	1011023
柳州市	1.00	101926
桂林市	1.06	214397
梧州市	0.18	29739
北海市	0.20	25258
防城港市	0.69	408409
钦州市	1.29	329479
贵港市	0.32	79414
玉林市	1.49	436249
百色市	0.67	77911
贺州市	0.20	43673
河池市	0.65	243402
来宾市	0.45	67618
崇左市	0.19	89791

筑业企业施工机械设备情况

年末自有施工机械设备净值（亿元）	技术装备率（元/人）	动力装备率（千瓦/人）
57.08	**4809.60**	**2.70**
18.10	4633.20	2.60
1.89	813.20	0.40
3.36	3569.90	2.30
1.00	12530.00	3.70
0.82	3166.50	1.00
3.50	8849.30	10.30
5.85	3432.90	1.90
2.38	6783.10	2.30
7.47	7536.60	4.40
2.54	9639.30	3.00
0.62	6243.50	4.40
6.68	32614.30	11.90
0.92	4098.10	3.00
1.94	16497.30	7.60

2-C-8 各地区总承包建

地　　区	建筑业企业个数（个）	从事建筑业活动的平均人数（人）
广西壮族自治区	**1150**	**1178639**
南宁市	257	397344
柳州市	72	212025
桂林市	89	100953
梧州市	40	10050
北海市	46	24020
防城港市	71	40609
钦州市	87	153292
贵港市	61	40366
玉林市	117	102858
百色市	115	28593
贺州市	54	10507
河池市	54	21074
来宾市	47	24956
崇左市	40	11992

筑业企业主要生产效益指标

按总产值计算的劳动生产率（元/人）	人均竣工产值（元/人）	人均施工面积（平方米/人）	人均竣工面积（平方米/人）
359202.90	**186805.90**	**221.00**	**71.60**
408987.00	162539.00	199.40	48.40
310571.20	207845.00	345.60	79.10
406152.30	196163.90	343.80	88.80
527221.90	242462.90	227.50	103.40
405606.10	245564.60	220.70	89.20
371634.00	169514.50	124.50	75.00
174855.00	100225.10	62.50	39.40
504445.90	281803.40	260.60	145.40
460019.30	298707.30	261.70	143.40
314715.50	151606.60	102.60	59.50
378421.50	224318.10	130.10	89.70
402622.70	249805.60	123.10	62.80
384634.10	153079.70	241.40	79.00
382055.30	272037.40	57.10	46.00

2-C-9 各地区总承包建筑业企业营业收入

单位：万元

地　区	营业收入	#在境外完成的营业收入	企业总产值	#建筑业总产值
广西壮族自治区	**35537470.40**	**351398.50**	**44629903.60**	**42632464.50**
南宁市	14026011.70	158588.90	16625979.30	15979491.90
柳州市	6175965.00	151367.70	7920418.50	7236805.50
桂林市	3030137.30	4823.00	4145949.60	3821527.60
梧州市	351803.00	408.60	429886.20	420248.60
北海市	850925.60	5768.10	1083295.00	1048775.70
防城港市	1247444.60	14100.90	1548929.50	1468214.50
钦州市	1378731.10	8400.00	3041250.10	2978968.90
贵港市	1432856.90	2058.70	1790750.50	1772219.40
玉林市	3894824.20		4608374.30	4557227.00
百色市	813337.60	5882.60	860762.00	830313.90
贺州市	395563.80		377757.00	375242.80
河池市	910152.10		843372.80	825135.00
来宾市	573082.10		891179.20	867926.90
崇左市	456635.40		461999.60	450366.80

2-C-10 各地区总承包建筑业企业资产构成

单位：万元

地　　区	资产总计	#流动资产合计	#存货
广西壮族自治区	**27622859.20**	**21982809.90**	**3427814.10**
南宁市	14644010.80	10978873.40	1425263.80
柳州市	4084843.40	3593321.00	826121.60
桂林市	1838233.50	1677577.10	316839.90
梧州市	272583.80	223101.40	38440.00
北海市	475620.20	412043.90	47310.40
防城港市	868799.10	713230.10	147986.20
钦州市	932505.70	774335.00	92076.40
贵港市	887133.80	729571.70	116010.40
玉林市	1219248.60	910624.20	134945.80
百色市	498310.40	349145.50	43119.10
贺州市	257655.80	209839.60	45742.40
河池市	755535.80	632992.40	64274.90
来宾市	626568.50	587472.70	123364.60
崇左市	261809.80	190681.90	6318.60

2-C-11 各地区总承包建筑业企业固定资产情况

单位：万元

地　　区	固定资产原价	固定资产折旧	#本年折旧	在建工程
广西壮族自治区	**2249934.70**	**958390.80**	**174924.10**	**288568.60**
南宁市	971321.70	453989.00	63542.50	66858.40
柳州市	252197.00	104493.40	19312.20	71020.90
桂林市	136140.40	64816.90	10019.20	26367.30
梧州市	35304.10	16277.60	1058.00	1598.50
北海市	30064.80	12183.00	1601.30	26534.20
防城港市	102289.30	42210.40	5321.50	1949.40
钦州市	208437.40	81696.10	30086.40	15291.20
贵港市	60394.80	20289.40	3136.50	26155.50
玉林市	212960.50	79364.10	12468.50	8104.80
百色市	45353.70	12945.90	2422.80	22026.90
贺州市	28462.00	5493.10	959.70	111.50
河池市	114841.10	39683.50	10927.30	10347.30
来宾市	19615.80	8049.70	1798.70	8219.10
崇左市	32552.10	16898.70	12269.50	3983.60

2-C-12 各地区总承包建筑业企业负债及所有者权益

单位：万元

地 区	负债合计	#流动负债	#应付账款	所有者权益合计	#实收资本
广西壮族自治区	**18487049.60**	**15692986.90**	**4975826.70**	**9137126.50**	**5663286.20**
南宁市	10122699.50	8662254.30	2564131.90	4521311.30	2764484.90
柳州市	3270808.30	2876483.80	775116.30	814035.10	609400.70
桂林市	1396048.30	1235336.10	588645.50	442185.20	279585.50
梧州市	174046.50	147043.20	59329.90	98537.30	66917.70
北海市	252546.60	217069.90	109572.30	223073.60	121802.50
防城港市	449869.40	380271.20	84239.50	420234.30	265975.20
钦州市	469308.00	408127.40	122242.30	463197.70	341938.20
贵港市	578136.30	258074.60	92499.30	308997.50	168559.80
玉林市	445906.00	382552.20	111858.20	773342.60	451229.20
百色市	245828.40	173535.80	61974.70	252482.00	161790.10
贺州市	144769.00	134009.60	24500.40	112886.80	88960.80
河池市	369486.00	348387.40	184940.80	386049.80	145133.00
来宾市	438822.30	375078.20	169176.30	187746.20	132670.00
崇左市	128775.00	94763.20	27599.30	133047.10	64838.60

2-C-13 各地区总承包建筑业企业实收资本

单位：万元

地　　区	合计	国家资本	集体资本	法人资本	个人资本	港澳台资本	外商资本
广西壮族自治区	**5663286.20**	**2150548.60**	**278473.70**	**1283759.70**	**1949503.10**	**0.30**	**0.20**
南宁市	2764484.90	1676687.00	34101.10	363565.40	690131.40		
柳州市	609400.70	340799.40	11036.80	145903.80	111660.70		
桂林市	279585.50	58032.30	25133.40	100253.00	96166.80		
梧州市	66917.70	399.60	13357.00	15816.00	37345.10		
北海市	121802.50	3205.00	15731.00	42341.00	60525.50		
防城港市	265975.20	9793.50	2090.10	126014.30	127076.60	0.10	
钦州市	341938.20	2003.00	25517.10	173874.40	140543.70		
贵港市	168559.80	18410.90	12730.40	55468.70	81949.80		
玉林市	451229.20	11081.20	49031.80	101520.00	289596.00	0.10	0.10
百色市	161790.10	11811.00	33260.90	48571.00	68147.00	0.10	0.10
贺州市	88960.80	10881.80	5632.30	23029.60	49417.10		
河池市	145133.00	5591.90	10129.20	52700.70	76711.20		
来宾市	132670.00	1000.00	34946.40	14322.30	82401.30		
崇左市	64838.60	852.00	5776.20	20379.50	37830.90		

2-C-14 各地区总承包建筑业企业收入情况

单位：万元

地　　区	主营业务收入	#主营业务成本	#主营业务税金及附　　加	其他业务收入	#其他业务利润
广西壮族自治区	**35122246.90**	**32635208.10**	**323280.60**	**415223.50**	**20945.60**
南宁市	13824778.30	12791444.80	91889.10	201233.40	12372.10
柳州市	6124916.30	5854279.50	23377.50	51048.70	2204.00
桂林市	3018708.90	2860656.40	26016.50	11428.40	2987.80
梧州市	350467.50	308296.20	7065.10	1335.50	66.80
北海市	828750.50	779455.50	4555.00	22175.10	1124.40
防城港市	1234473.00	1137878.70	9333.10	12971.60	410.60
钦州市	1319092.60	1189688.20	12745.60	59638.50	294.80
贵港市	1432221.40	1340861.60	11395.10	635.50	159.70
玉林市	3889400.20	3584443.80	87826.70	5424.00	408.60
百色市	801889.50	718903.00	14571.90	11448.10	149.20
贺州市	390876.90	362187.10	5331.60	4686.90	190.70
河池市	908267.10	784925.40	14321.50	1885.00	112.20
来宾市	541994.20	508803.80	5821.60	31087.90	442.70
崇左市	456410.50	413384.10	9030.30	224.90	22.00

2-C-15 各地区总承包建筑业企业费用情况

单位：万元

地　　区	管理费用	销售费用	财务费用		
				#利息收入	#利息支出
广西壮族自治区	**973982.60**	**42561.80**	**286786.00**	**19569.20**	**266685.27**
南宁市	503715.60	15398.00	168558.80	11443.00	156422.20
柳州市	120437.70	1854.50	84776.70	5436.00	86868.30
桂林市	58623.20	1499.80	7574.30	1528.10	7177.20
梧州市	13265.20	3283.90	1740.60	62.10	650.20
北海市	19255.90	97.60	920.60	96.10	401.70
防城港市	35898.30	1212.30	5978.30	79.10	4212.80
钦州市	28901.40	1699.90	1685.70	174.00	470.60
贵港市	20872.50	216.60	1803.70	-235.50	879.17
玉林市	89742.60	6432.90	4922.50	243.30	2911.10
百色市	18185.20	828.80	2206.30	557.10	1279.70
贺州市	9137.00	1329.20	324.60	20.40	156.50
河池市	28862.30	7504.60	925.00	46.40	339.20
来宾市	17035.70	471.40	5052.30	77.50	4602.90
崇左市	10050.00	732.30	316.60	41.60	313.70

2-C-16 各地区总承包建筑业企业利润及税金情况

单位：万元

地区	利润总额	#应缴所得税	税金总额	主营业务税金及附加	应缴增值税
广西壮族自治区	**853266.90**	**299389.20**	**1169759.80**	**323280.60**	**846479.20**
南宁市	300274.60	99787.50	368851.40	91889.10	276962.30
柳州市	51361.90	12670.00	153146.10	23377.50	129768.60
桂林市	59766.30	28142.80	126598.10	26016.50	100581.60
梧州市	17137.60	4978.50	19390.70	7065.10	12325.60
北海市	26876.90	11991.80	24805.40	4555.00	20250.40
防城港市	43971.50	14310.30	35336.00	9333.10	26002.90
钦州市	54505.70	22633.70	52911.20	12745.60	40165.60
贵港市	55614.60	24178.40	57098.60	11395.10	45703.50
玉林市	84011.50	33215.80	178370.50	87826.70	90543.80
百色市	44980.40	13374.40	43139.60	14571.90	28567.70
贺州市	12249.30	6803.70	17393.30	5331.60	12061.70
河池市	71370.10	17750.30	45368.40	14321.50	31046.90
来宾市	8916.90	3691.20	26442.50	5821.60	20620.90
崇左市	22229.60	5860.80	20908.00	9030.30	11877.70

2-C-17 各地区总承包建筑业企业应收工程款及企业亏损情况

地　区	应收工程款（万元）	企业个数（个）		亏损企业的比重（%）
			#亏损企业个数	
广西壮族自治区	**5450885**	**1150**	**206**	**17.91**
南宁市	2301857	257	46	17.90
柳州市	892195	72	14	19.44
桂林市	468478	89	16	17.98
梧州市	74134	40	5	12.50
北海市	108344	46	11	23.91
防城港市	200067	71	18	25.35
钦州市	207923	87	12	13.79
贵港市	207384	61	11	18.03
玉林市	212318	117	16	13.68
百色市	117215	115	25	21.74
贺州市	56861	54	4	7.41
河池市	442321	54	10	18.52
来宾市	90323	47	12	25.53
崇左市	71467	40	6	15.00

2-C-18 各地区总承包建筑业企业主要经济效益指标

地区	产值利润率（%）	产值利税率（%）	资本利润率（%）	资本利税率（%）	人均利润（元/人）	人均利税（元/人）	资产负债率（%）
广西壮族自治区	**2.0**	**4.70**	**15.10**	**35.70**	**7239**	**17164**	**66.90**
南宁市	1.90	4.20	10.80	24.10	7548	16860	69.10
柳州市	0.70	2.80	8.70	33.80	2503	9712	79.90
桂林市	1.60	4.90	21.40	66.70	5920	18461	75.90
梧州市	4.10	8.70	25.60	54.60	17052	36347	63.90
北海市	2.60	4.90	22.10	42.40	11189	21516	53.10
防城港市	3.00	5.40	16.50	29.70	10748	19389	51.70
钦州市	1.80	3.60	15.90	31.40	3556	7007	50.30
贵港市	3.10	6.40	33.90	68.80	13745	27867	65.60
玉林市	1.80	5.80	18.60	58.10	8168	25509	36.60
百色市	5.40	10.60	27.80	54.50	15731	30819	49.30
贺州市	3.30	7.90	13.80	33.30	11658	28212	56.20
河池市	8.60	14.10	49.20	80.40	33866	55395	48.90
来宾市	1.00	4.10	6.70	26.70	3573	14169	70.00
崇左市	4.90	9.60	34.30	66.50	18537	35972	49.20

2-C-19 各地区按资质等级划分的总承包建筑业企业单位数

单位：个

地　区	合计	特级	一级	二级	三级及以下
广西壮族自治区	**1150**	**11**	**96**	**297**	**746**
南宁市	257	5	49	85	118
柳州市	72	3	8	17	44
桂林市	89		7	21	61
梧州市	40		2	7	31
北海市	46		2	24	20
防城港市	71	1	6	27	37
钦州市	87	1	8	18	60
贵港市	61		1	15	45
玉林市	117		9	44	64
百色市	115			10	105
贺州市	54			8	46
河池市	54		3	11	40
来宾市	47	1		8	38
崇左市	40		1	2	37

2-C-20 各地区按资质等级划分的总承包建筑业企业期末人数

单位：人

地　区	合计	特级	一级	二级	三级及以下
广西壮族自治区	**1186863**	**287571**	**506899**	**205751**	**186642**
南宁市	390709	130038	185973	36517	38181
柳州市	233016	146362	71664	6105	8885
桂林市	94091		67667	12149	14275
梧州市	7971		720	1472	5779
北海市	25857		3380	18892	3585
防城港市	39507	9620	6778	17962	5147
钦州市	170368	51	116758	23113	30446
贵港市	35132		9340	14569	11223
玉林市	99066		36151	42146	20769
百色市	26383			10523	15860
贺州市	9916			3744	6172
河池市	20494		7978	5475	7041
来宾市	22565	1500		11994	9071
崇左市	11788		490	1090	10208

2-C-21 各地区按资质等级划分的总承包企业建筑业总产值

单位：万元

地　区	合计	特级	一级	二级	三级及以下
广西壮族自治区	**42632464.50**	**10849815.80**	**18602717.90**	**7138063.10**	**6041867.70**
南宁市	15979491.90	5907088.70	7173479.00	1194262.30	1704661.90
柳州市	7236805.50	4347829.10	2322702.90	308987.20	257286.30
桂林市	3821527.60		2665489.80	617446.50	538591.30
梧州市	420248.60		104077.00	83573.90	232597.70
北海市	1048775.70		205825.50	744945.30	98004.90
防城港市	1468214.50	466203.50	221007.00	634751.90	146252.10
钦州市	2978968.90	109.10	2116214.00	496157.50	366488.30
贵港市	1772219.40		816500.00	565978.90	389740.50
玉林市	4557227.00		2507599.20	1398803.80	650824.00
百色市	830313.90			286429.80	543884.10
贺州市	375242.80			115029.40	260213.40
河池市	825135.00		455534.50	178309.00	191291.50
来宾市	867926.90	128585.40		480730.00	258611.50
崇左市	450366.80		14289.00	32657.60	403420.20

2-C-22 各地区按资质等级划分的总承包建筑业企业签订合同额

单位：万元

地　区	合计	特级	一级	二级	三级及以下
广西壮族自治区	**84730535.80**	**23387323.00**	**37825259.70**	**13064825.70**	**10453127.40**
南宁市	37460894.40	13719689.70	17405201.10	2455830.90	3880172.70
柳州市	15213222.90	8601228.60	5630953.00	495596.00	485445.30
桂林市	8081338.10		6196605.30	1176247.50	708485.30
梧州市	621182.50		219715.50	142093.50	259373.50
北海市	1879675.00		258255.30	1461510.10	159909.60
防城港市	2314545.10	915851.80	365524.40	743101.90	290067.00
钦州市	4037085.20	109.10	2647595.10	785740.70	603640.30
贵港市	2461545.10		1021650.00	865142.20	574752.90
玉林市	7296529.60		3416512.30	2789170.10	1090847.20
百色市	1343145.60			542928.50	800217.10
贺州市	623637.00			211657.80	411979.20
河池市	1193452.30		660022.50	265317.30	268112.50
来宾市	1677561.20	150443.80		1088233.50	438883.90
崇左市	526721.80		3225.20	42255.70	481240.90

2-C-23 各地区按资质等级划分的总承包建筑业企业竣工产值

单位：万元

地区	合计				
		特级	一级	二级	三级及以下
广西壮族自治区	**22017675.00**	**5651204.40**	**8770089.00**	**4446669.10**	**3149712.50**
南宁市	6458390.60	3259456.20	2053236.00	672719.70	472978.70
柳州市	4406833.20	2222487.60	1830815.60	238585.20	114944.80
桂林市	1980333.90		1306833.10	382877.30	290623.50
梧州市	243675.20		20266.50	64881.20	158527.50
北海市	589846.10		186123.40	367002.20	36720.50
防城港市	688381.30	138974.20	80648.00	336671.60	132087.50
钦州市	1536370.50	55.70	923187.80	340000.30	273126.70
贵港市	1137527.80		424950.00	429627.00	282950.80
玉林市	3072443.10		1667037.60	945139.60	460265.90
百色市	433488.80			180178.70	253310.10
贺州市	235691.00			69610.40	166080.60
河池市	526440.40		275245.10	131789.20	119406.10
来宾市	382025.80	30230.70		255929.10	95866.00
崇左市	326227.30		1745.90	31657.60	292823.80

2-C-24 各地区按资质等级划分的总承包建筑业企业房屋施工面积

单位：万平方米

地　区	合计	特级	一级	二级	三级及以下
广西壮族自治区	**26045.86**	**9768**	**9658.65**	**4543.71**	**2075.73**
南宁市	7921.19	4733	2318.65	566.69	303.20
柳州市	7327.53	4902	2047.04	289.21	89.37
桂林市	3470.30		2769.39	391.44	309.47
梧州市	228.68		76.08	51.74	100.86
北海市	530.03		88.89	406.37	34.77
防城港市	505.40	64	79.55	321.16	40.45
钦州市	958.48		498.02	305.55	154.91
贵港市	1052.05		623.15	314.77	114.12
玉林市	2692.02		1095.36	1128.73	467.92
百色市	293.31			143.01	150.30
贺州市	136.73			63.15	73.58
河池市	259.40		56.49	126.87	76.03
来宾市	602.32	69		417.21	116.14
崇左市	68.42		6.02	17.80	44.59

2-C-25 各地区按资质等级划分的总承包建筑业企业房屋竣工面积

单位：万平方米

地　区	合计	特级	一级	二级	三级及以下
广西壮族自治区	**8436.83**	**2034.88**	**3154.38**	**2013.42**	**1234.14**
南宁市	1924.76	975.92	578.45	246.50	123.89
柳州市	1676.85	1000.90	465.96	137.77	72.24
桂林市	896.93		549.98	163.47	183.48
梧州市	103.95		11.30	26.03	66.61
北海市	214.21		55.81	126.95	31.45
防城港市	304.56	49.31	59.91	171.00	24.34
钦州市	604.39		363.29	134.78	106.32
贵港市	586.93		353.45	161.19	72.29
玉林市	1475.19		676.02	513.86	285.30
百色市	170.26			78.98	91.28
贺州市	94.24			43.06	51.18
河池市	132.31		36.62	50.50	45.18
来宾市	197.04	8.75		139.91	48.38
崇左市	55.21		3.58	19.41	32.21

2-C-26 各地区按资质等级划分的总承包企业自有施工机械设备台数

单位：台

地　区	合计	特级	一级	二级	三级及以下
广西壮族自治区	**127385**	**7482**	**54706**	**39162**	**26035**
南宁市	43423	799	28093	10198	4333
柳州市	9999	4073	3952	766	1208
桂林市	10644		7116	1072	2456
梧州市	1817		11	356	1450
北海市	2045			1594	451
防城港市	6944	2598	2015	1582	749
钦州市	12943		5204	5573	2166
贵港市	3163			2519	644
玉林市	14944		5259	6676	3009
百色市	6668			3764	2904
贺州市	1950			338	1612
河池市	6477		3036	2134	1307
来宾市	4476	12		2502	1962
崇左市	1892		20	88	1784

2-C-27 各地区按资质等级划分的总承包企业自有施工机械设备总功率

单位：万千瓦

地区	合计	特级	一级	二级	三级及以下
广西壮族自治区	**315.83**	**12.52**	**152.35**	**82.13**	**68.83**
南宁市	101.10	6.35	65.63	17.65	11.48
柳州市	10.19	2.68	3.67	2.21	1.64
桂林市	21.44		11.59	3.73	6.12
梧州市	2.97		0.05	0.88	2.04
北海市	2.53			2.04	0.48
防城港市	40.84	3.43	31.64	2.66	3.11
钦州市	32.95		14.18	11.37	7.40
贵港市	7.94			5.30	2.64
玉林市	43.62		5.94	28.27	9.42
百色市	7.79			1.54	6.25
贺州市	4.37			0.55	3.82
河池市	24.34		19.66	2.40	2.28
来宾市	6.76	0.06		3.50	3.20
崇左市	8.98			0.02	8.95

2-C-28 各地区按资质等级划分的总承包建筑业企业实收资本

单位：万元

地　区	合计	特级	一级	二级	三级及以下
广西壮族自治区	**5663286.20**	**839013.80**	**2219337.40**	**1492851.40**	**1112083.60**
南宁市	2764484.90	517026.80	1395898.60	543627.70	307931.80
柳州市	609400.70	282800.00	176630.60	80994.30	68975.80
桂林市	279585.50		135995.80	84965.60	58624.10
梧州市	66917.70		15000.00	19530.70	32387.00
北海市	121802.50		15006.00	80806.40	25990.10
防城港市	265975.20	30999.00	60068.60	131382.30	43525.30
钦州市	341938.20		182142.00	62511.20	97285.00
贵港市	168559.80		10200.00	83033.50	75326.30
玉林市	451229.20		162011.30	212829.20	76388.70
百色市	161790.10			53511.60	108278.50
贺州市	88960.80			22944.30	66016.50
河池市	145133.00		65884.50	40007.60	39240.90
来宾市	132670.00	8188.00		67988.00	56494.00
崇左市	64838.60		500.00	8719.00	55619.60

2-C-29 各地区按资质等级划分的总承包建筑业企业资产

单位：万元

地　　区	合计	特级	一级	二级	三级及以下
广西壮族自治区	**27622859.20**	**5221310.00**	**12426827.40**	**5020624.20**	**4954097.60**
南宁市	14644010.80	2781391.10	8090001.40	1652509.10	2120109.20
柳州市	4084843.40	2258538.90	1227175.20	352044.70	247084.60
桂林市	1838233.50		1043069.70	398971.60	396192.20
梧州市	272583.80		44704.80	107872.40	120006.60
北海市	475620.20		48494.60	329005.00	98120.60
防城港市	868799.10	144954.80	238387.30	287589.70	197867.30
钦州市	932505.70	56.90	515604.90	209668.50	207175.40
贵港市	887133.80		249131.40	340174.70	297827.70
玉林市	1219248.60		423583.10	575750.90	219914.60
百色市	498310.40			142298.40	356012.00
贺州市	257655.80			76580.10	181075.70
河池市	755535.80		540976.70	91319.90	123239.20
来宾市	626568.50	36368.30		446683.30	143516.90
崇左市	261809.80		5698.30	10155.90	245955.60

2-C-30 各地区按资质等级划分的总承包建筑业企业所有者权益

单位：万元

地　　区	合计	特级	一级	二级	三级及以下
广西壮族自治区	**9137126.50**	**1289323.60**	**3055380.70**	**2217621.60**	**2574800.60**
南宁市	4521311.30	816300.50	1674624.50	716521.40	1313864.90
柳州市	814035.10	396237.20	209410.10	123289.90	85097.90
桂林市	442185.20		220186.90	105842.00	116156.30
梧州市	98537.30		24368.00	24444.10	49725.20
北海市	223073.60		31012.60	146244.50	45816.50
防城港市	420234.30	66060.90	109046.80	178853.40	66273.20
钦州市	463197.70		238935.90	101493.10	122768.70
贵港市	308997.50		27781.90	141399.40	139816.20
玉林市	773342.60		261980.80	395818.20	115543.60
百色市	252482.00			70135.90	182346.10
贺州市	112886.80			25443.90	87442.90
河池市	386049.80		257533.20	65837.60	62679.00
来宾市	187746.20	10725.00		114492.90	62528.30
崇左市	133047.10		500.00	7805.30	124741.80

2-C-31 各地区按资质等级划分的总承包建筑业企业负债

单位：万元

地　　区	合计	特级	一级	二级	三级及以下
广西壮族自治区	**18487049.60**	**3931986.40**	**9372751.30**	**2803002.60**	**2379309.30**
南宁市	10122699.50	1965090.60	6415376.90	935987.70	806244.30
柳州市	3270808.30	1862301.70	1017765.10	228754.80	161986.70
桂林市	1396048.30		822882.80	293129.60	280035.90
梧州市	174046.50		20336.80	83428.30	70281.40
北海市	252546.60		17482.00	182760.50	52304.10
防城港市	449869.40	78893.90	130645.10	108736.30	131594.10
钦州市	469308.00	56.90	276669.00	108175.40	84406.70
贵港市	578136.30		221349.50	198775.30	158011.50
玉林市	445906.00		161602.30	179932.70	104371.00
百色市	245828.40			72162.50	173665.90
贺州市	144769.00			51136.20	93632.80
河池市	369486.00		283443.50	25482.30	60560.20
来宾市	438822.30	25643.30		332190.40	80988.60
崇左市	128775.00		5198.30	2350.60	121226.10

2-C-32 各地区按资质等级划分的总承包建筑业企业营业收入

单位：万元

地　　区	合计	特级	一级	二级	三级及以下
广西壮族自治区	**35537470.40**	**9364253.50**	**14427655.30**	**6269182.70**	**5476378.90**
南宁市	14026011.70	4972661.60	6477167.80	1183361.90	1392820.40
柳州市	6175965.00	3904438.60	1767561.60	258268.00	245696.80
桂林市	3030137.30		2060026.30	507576.70	462534.30
梧州市	351803.00		66150.20	120020.30	165632.50
北海市	850925.60		147475.00	604958.80	98491.80
防城港市	1247444.60	466203.50	189842.10	451172.50	140226.50
钦州市	1378731.10	65.70	711927.80	322763.70	343973.90
贵港市	1432856.90		552936.80	559306.00	320614.10
玉林市	3894824.20		1904012.20	1330894.20	659917.80
百色市	813337.60			268001.60	545336.00
贺州市	395563.80			110269.00	285294.80
河池市	910152.10		531592.30	164447.80	214112.00
来宾市	573082.10	20884.10		353058.50	199139.50
崇左市	456635.40		18963.20	35083.70	402588.50

2-C-33 各地区按资质等级划分的总承包建筑业企业利税总额

地　区	合计				
		特级	一级	二级	三级及以下
广西壮族自治区	**2023026.70**	**366656.60**	**742347.90**	**444053.30**	**469968.90**
南宁市	667020.40	234146.90	278192.40	86915.00	67766.10
柳州市	207528.40	119880.20	46776.30	18723.70	22148.20
桂林市	186364.40		104479.90	37421.30	44463.20
梧州市	36528.30		5692.00	9188.20	21648.10
北海市	51682.30		6955.00	33489.60	11237.70
防城港市	79285.10	10093.70	19852.60	38598.90	10739.90
钦州市	107416.90	-33.40	49845.40	24101.10	33503.80
贵港市	111820.80		34582.90	40222.40	37015.50
玉林市	262382.00		114647.60	87093.50	60640.90
百色市	88120.00			23677.00	64443.00
贺州市	29642.60			9094.50	20548.10
河池市	116738.50		75393.30	13095.10	28250.10
来宾市	35359.40	2569.20		18734.40	14055.80
崇左市	43137.60		5930.50	3698.60	33508.50

2-C-34 各地区按资质等级划分的总承包建筑业企业利润总额

单位：万元

地　区	合计	特级	一级	二级	三级及以下
广西壮族自治区	**853266.90**	**158862.50**	**317758.70**	**179844.10**	**196801.60**
南宁市	300274.60	120889.80	115889.60	42134.80	21360.40
柳州市	51361.90	29647.10	7808.80	8812.60	5093.40
桂林市	59766.30		31580.40	10593.60	17592.30
梧州市	17137.60		3791.80	2465.50	10880.30
北海市	26876.90		4882.30	15220.40	6774.20
防城港市	43971.50	7204.20	15274.00	17524.40	3968.90
钦州市	54505.70	-38.10	30479.00	9441.20	14623.60
贵港市	55614.60		14780.30	18961.00	21873.30
玉林市	84011.50		38543.00	31329.80	14138.70
百色市	44980.40			8332.20	36648.20
贺州市	12249.30			3444.60	8804.70
河池市	71370.10		50292.60	4953.20	16124.30
来宾市	8916.90	1159.50		5078.60	2678.80
崇左市	22229.60		4436.90	1552.20	16240.50

2-C-35 各地区按资质等级划分的总承包建筑业企业税金总额

单位：万元

地区	合计	特级	一级	二级	三级及以下
广西壮族自治区	**1169759.80**	**207794.10**	**424589.20**	**264209.20**	**273167.30**
南宁市	368851.40	113257.10	162302.80	47778.20	45513.30
柳州市	153146.10	90233.10	38967.50	6890.70	17054.80
桂林市	126598.10		72899.50	26827.70	26870.90
梧州市	19390.70		1900.20	6722.70	10767.80
北海市	24805.40		2072.70	18269.20	4463.50
防城港市	35336.00	2889.50	4578.60	21096.90	6771.00
钦州市	52911.20	4.70	19366.40	14659.90	18880.20
贵港市	57098.60		19802.60	21261.40	16034.60
玉林市	178370.50		76104.60	55763.70	46502.20
百色市	43139.60			15344.80	27794.80
贺州市	17393.30			5649.90	11743.40
河池市	45368.40		25100.70	8141.90	12125.80
来宾市	26442.50	1409.70		13655.80	11377.00
崇左市	20908.00		1493.60	2146.40	17268.00

2-C-36 各地区按资质等级划分的总承包建筑业企业主营业务收入

单位：万元

地　区	合计	特级	一级	二级	三级及以下
广西壮族自治区	**35122246.90**	**9329773.60**	**14328853.70**	**6104064.00**	**5359555.60**
南宁市	13824778.30	4962388.40	6386435.00	1122468.50	1353486.40
柳州市	6124916.30	3901116.00	1763181.70	227822.60	232796.00
桂林市	3018708.90		2056780.90	504098.00	457830.00
梧州市	350467.50		66150.20	119926.00	164391.30
北海市	828750.50		147475.00	603278.80	77996.70
防城港市	1234473.00	466203.50	189434.20	443430.50	135404.80
钦州市	1319092.60	65.70	711927.80	276125.50	330973.60
贵港市	1432221.40		552901.20	559154.70	320165.50
玉林市	3889400.20		1904012.20	1327557.30	657830.70
百色市	801889.50			267419.90	534469.60
贺州市	390876.90			109721.60	281155.30
河池市	908267.10		531592.30	164351.50	212323.30
来宾市	541994.20			343625.40	198368.80
崇左市	456410.50		18963.20	35083.70	402363.60

2-C-37 各地区按资质等级划分的总承包建筑业企业管理费用

单位：万元

地区	合计	特级	一级	二级	三级及以下
广西壮族自治区	**973982.60**	**238951.60**	**381289.60**	**174201.40**	**179540.00**
南宁市	503715.60	169112.50	226749.60	51352.50	56501.00
柳州市	120437.70	63689.60	31745.80	14954.40	10047.90
桂林市	58623.20		35501.30	8947.40	14174.50
梧州市	13265.20		1466.20	2949.80	8849.20
北海市	19255.90		4943.00	10750.50	3562.40
防城港市	35898.30	5224.40	8960.20	12042.40	9671.30
钦州市	28901.40	59.20	8003.00	12721.00	8118.20
贵港市	20872.50		2430.30	12141.10	6301.10
玉林市	89742.60		42637.10	29878.00	17227.50
百色市	18185.20			4194.80	13990.40
贺州市	9137.00			2215.00	6922.00
河池市	28862.30		17726.80	4117.10	7018.40
来宾市	17035.70	865.90		7673.60	8496.20
崇左市	10050.00		1126.30	263.80	8659.90

2-C-38 各地区按资质等级划分的总承包建筑业企业财务费用

单位：万元

地区	合计	特级	一级	二级	三级及以下
广西壮族自治区	**286786.00**	**97026.40**	**144186.20**	**27960.00**	**17613.40**
南宁市	168558.80	31184.40	116330.30	12942.50	8101.60
柳州市	84776.70	65133.70	17537.60	1873.60	231.80
桂林市	7574.30		4425.40	2213.60	935.30
梧州市	1740.60		-2.00	403.40	1339.20
北海市	920.60		139.30	744.80	36.50
防城港市	5978.30	508.80	2844.30	889.10	1736.10
钦州市	1685.70	0.10	651.50	195.20	838.90
贵港市	1803.70			1112.30	691.40
玉林市	4922.50		1779.90	2215.80	926.80
百色市	2206.30			747.10	1459.20
贺州市	324.60			213.40	111.20
河池市	925.00		469.10	203.50	252.40
来宾市	5052.30	199.40		4195.70	657.20
崇左市	316.60		10.80	10.00	295.80

2-C-39 各地区按资质等级划分的总承包建筑业企业应收工程款

单位：万元

地区	合计	特级	一级	二级	三级及以下
广西壮族自治区	**5450885.40**	**815995.80**	**2692130.90**	**950526.60**	**992232.10**
南宁市	2301856.60	308662.00	1372053.80	249296.20	371844.60
柳州市	892194.50	474095.30	304559.70	62653.90	50885.60
桂林市	468477.70		298941.10	127088.30	42448.30
梧州市	74133.70		3402.30	46232.50	24498.90
北海市	108344.10		22006.10	75382.80	10955.20
防城港市	200067.00	1630.50	74963.90	84726.30	38746.30
钦州市	207922.90	16.50	117521.40	30777.90	59607.10
贵港市	207384.40		70061.80	81858.80	55463.80
玉林市	212318.20		52169.40	98053.80	62095.00
百色市	117214.60			41138.80	76075.80
贺州市	56860.90			9873.40	46987.50
河池市	442320.90		376451.40	11886.20	53983.30
来宾市	90323.20	31591.50		31173.50	27558.20
崇左市	71466.70			384.20	71082.50

2-D-1 各地区专业承包建筑业企业签订合同情况

单位：万元

地　区	签订合同额		
		上年结转合同额	本年新签合同额
广西壮族自治区	**2474917.10**	**854581.30**	**1620335.80**
南宁市	1583472.20	592266.80	991205.40
柳州市	112176.00	46981.20	65194.80
桂林市	229884.80	47327.00	182557.80
梧州市	15917.20	531.10	15386.10
北海市	130407.60	27780.70	102626.90
防城港市	42938.10	29445.80	13492.30
钦州市	36079.80	12709.80	23370.00
贵港市	42730.50	18489.10	24241.40
玉林市	75560.20	18301.80	57258.40
百色市	35811.10	11226.20	24584.90
贺州市	3515.30	65.30	3450.00
河池市	63710.60	17026.30	46684.30
来宾市	98749.20	32430.20	66319.00
崇左市	3964.50		3964.50

2-D-2 各地区专业承包建

地　　区	直接从建设单位承揽工程完成的产值
广西壮族自治区	**1306976.80**
南宁市	762426.30
柳州市	68658.70
桂林市	116973.50
梧州市	8104.50
北海市	77898.60
防城港市	21107.10
钦州市	21466.70
贵港市	33988.60
玉林市	46593.30
百色市	23494.70
贺州市	3226.80
河池市	39488.70
来宾市	79584.80
崇左市	3964.50

筑业企业承包工程完成情况

单位：万元

		从建设单位以外承揽工程完成的产值
自行完成施工产值	分包出去工程的产值	
1256521.30	**50455.50**	**123490.90**
730216.20	32210.10	63921.20
68463.60	195.10	6680.40
116716.50	257.00	37102.30
8104.50		2500.00
70507.50	7391.10	1628.70
21107.10		
21466.70		
33988.60		
36191.10	10402.20	11550.40
23494.70		
3226.80		
39488.70		107.90
79584.80		
3964.50		

2-D-3 各地区专业承包

地 区	建筑业总产值	#装饰装修产值	#在外省完成的产值
广西壮族自治区	**1380012.20**	**146921.90**	**25943.20**
南宁市	794137.40	111342.50	20786.90
柳州市	75144.00	7200.00	1542.20
桂林市	153818.80	19419.60	3446.00
梧州市	10604.50	23.00	
北海市	72136.20	4546.20	
防城港市	21107.10	242.80	
钦州市	21466.70	656.00	168.10
贵港市	33988.60		
玉林市	47741.50	145.60	
百色市	23494.70	519.40	
贺州市	3226.80	2826.80	
河池市	39596.60		
来宾市	79584.80		
崇左市	3964.50		

企业建筑业总产值和竣工产值

单位：万元

按构成分组			竣工产值
建筑工程产值	安装工程产值	其他产值	
735140.30	**545714.70**	**99157.20**	**763927.30**
461121.10	259440.20	73576.10	379722.30
47106.00	19636.00	8402.00	42777.10
86643.40	53117.20	14058.20	121077.20
10174.00	430.50		3480.00
34442.00	35338.40	2355.80	38604.40
19342.80	1492.20	272.10	13821.30
4564.10	16902.60		11949.50
3411.10	30577.50		25972.10
5545.90	41985.90	209.70	37883.40
4051.90	19442.80		17484.30
3126.80	100.00		3226.80
	39488.70	107.90	20840.70
55611.20	23798.20	175.40	43123.70
	3964.50		3964.50

2-D-4 各地区专业承

地　区	房屋施工面积（万平方米）
广西壮族自治区	**89.19**
南宁市	18.92
柳州市	8.01
桂林市	20.49
梧州市	
北海市	1.52
防城港市	3.91
钦州市	0.41
贵港市	
玉林市	0.72
百色市	
贺州市	1.70
河池市	
来宾市	33.50
崇左市	

包建筑业企业房屋建筑面积

#本年新开工	房屋竣工面积（万平方米）	房屋竣工率（%）
45.47	**43.23**	**48.47**
3.94	5.44	28.75
4.07	6.80	84.89
12.90	17.14	83.65
0.84	0.65	42.76
3.00	3.91	100.00
	0.41	100.00
0.48	0.63	87.50
1.20	0.50	29.41
19.05	7.76	23.16

2-D-5 各地区按主要用途分的

地　区	合计			
		住宅房屋	商业及服务用房屋	办公用房屋
广西壮族自治区	**43.23**	**15.54**	**0.10**	**0.88**
南宁市	5.44		0.10	
柳州市	6.80	3.86		0.48
桂林市	17.14			0.30
梧州市				
北海市	0.65			0.10
防城港市	3.91	3.91		
钦州市	0.41			
贵港市				
玉林市	0.63			
百色市				
贺州市	0.50			
河池市				
来宾市	7.76	7.76		
崇左市				

专业承包建筑业企业房屋竣工面积

单位：万平方米

科研、教育和医疗用房屋	文化、体育和娱乐用房屋	厂房及建筑物	仓库	其他未列明的房屋建筑物
1.97	**0.29**	**20.37**		**4.08**
0.90		0.55		3.88
		2.45		
0.21	0.18	16.45		
0.43	0.11			
		0.41		
0.43				0.20
		0.50		

2-D-6 各地区按主要用途分的

地　　区	合计	住宅房屋	商业及服务用房屋	办公用房屋
广西壮族自治区	**66522.10**	**33450.00**	**30.00**	**1728.20**
南宁市	4229.50		30.00	
柳州市	4794.00	2600.00		698.00
桂林市	23616.40			875.40
梧州市				
北海市	972.00			154.80
防城港市	9000.00	9000.00		
钦州市	868.00			
贵港市				
玉林市	892.20			
百色市				
贺州市	300.00			
河池市				
来宾市	21850.00	21850.00		
崇左市				

专业承包建筑业企业房屋竣工价值

单位：万元

科研、教育和医疗用房屋	文化、体育和娱乐用房屋	厂房及建筑物	仓库	其他未列明的房屋建筑物
2096.20	**644.30**	**24563.60**		**4009.80**
270.00		109.30		3820.20
		1496.00		
477.20	473.50	21790.30		
646.40	170.80			
		868.00		
702.60				189.60
		300.00		

2-D-7 各地区专业承包建筑业企业施工机械设备情况

地　区	年末自有施工机械设备总台数（万台）	年末自有施工机械设备总功率（千瓦）	年末自有施工机械设备净值（亿元）	技术装备率（元/人）	动力装备率（千瓦/人）
广西壮族自治区	**0.53**	**91783.00**	**2.19**	**8624.40**	**3.60**
南宁市	0.21	44766.00	0.91	6512.70	3.20
柳州市	0.06	3264.00	0.15	6144.50	1.30
桂林市	0.11	13018.00	0.22	10203.00	5.90
梧州市		2560.00	0.35	319827.30	23.30
北海市	0.02	2810.00	0.14	13359.20	2.60
防城港市	0.06	758.00	0.05	4125.90	0.70
钦州市		1000.00	0.04	4812.70	1.30
贵港市		15020.00		387.60	24.50
玉林市	0.01	2982.00	0.04	3702.00	3.00
百色市	0.01	877.00	0.03	4535.80	1.50
贺州市		100.00		1428.60	1.40
河池市	0.03	4327.00	0.07	10287.80	6.30
来宾市	0.01	300.00	0.18	27314.10	0.50
崇左市		1.00	0.01	7104.80	0.00

2-D-8 各地区专业承包建筑业企业主要生产效益指标

地　区	建筑业企业个数（个）	从事建筑业活动的平均人数（人）	按总产值计算的劳动生产率（元/人）	人均竣工产值（元/人）	人均施工面积（平方米/人）	人均竣工面积（平方米/人）
广西壮族自治区	**255**	**38461**	**379353.50**	**198623.90**	**23.20**	**11.20**
南宁市	123	22446	370244.50	169171.50	8.40	2.40
柳州市	23	2554	367093.30	167490.60	31.40	26.60
桂林市	36	2750	564472.70	440280.70	74.50	62.30
梧州市	4	116	891134.50	300000.00		
北海市	17	1718	426841.40	224705.50	8.90	3.80
防城港市	7	1158	185638.50	119354.90	33.80	33.80
钦州市	7	773	252252.60	154586.00	5.40	5.30
贵港市	6	956	345061.90	271674.70		
玉林市	8	1202	484685.30	315169.70	6.00	5.20
百色市	8	764	295530.80	228852.10		
贺州市	2	115	280591.30	280591.30	147.80	43.50
河池市	9	1717	318556.70	121378.60		
来宾市	4	2057	373287.10	209643.70	162.90	37.70
崇左市	1	135	377571.40	293666.70		

2-D-9 各地区专业承包建筑业企业营业收入

单位：万元

地　　区	营业收入	#在境外完成的营业收入	企业总产值	#建筑业总产值
广西壮族自治区	**1680279.70**	**5591.80**	**1477800.30**	**1380012.20**
南宁市	947272.20	57.20	860286.80	794137.40
柳州市	120385.50		92142.40	75144.00
桂林市	158430.60	67.40	156232.80	153818.80
梧州市	8333.50	5235.20	10604.50	10604.50
北海市	166394.30		78708.30	72136.20
防城港市	57569.30		24715.90	21107.10
钦州市	20815.80		21466.70	21466.70
贵港市	27363.00		34119.00	33988.60
玉林市	50557.20		47741.50	47741.50
百色市	27127.60		24605.70	23494.70
贺州市	3193.50		3326.80	3226.80
河池市	41187.60		40300.50	39596.60
来宾市	47685.10	232.00	79584.80	79584.80
崇左市	3964.50		3964.60	3964.50

2-D-10 各地区专业承包建筑业企业资产构成

单位：万元

地　区	资产总计	#流动资产合计	#存货
广西壮族自治区	**1414209.60**	**1246954.40**	**164525.90**
南宁市	760409.10	675302.90	87371.80
柳州市	110910.50	94506.60	11041.70
桂林市	168040.70	155180.80	27796.80
梧州市	16312.90	14487.60	5402.60
北海市	106016.70	90965.10	4000.20
防城港市	43159.80	39098.20	8284.00
钦州市	17575.90	12985.80	-161.80
贵港市	27960.70	23991.80	3694.40
玉林市	44949.10	39632.00	2597.60
百色市	36407.40	32155.10	3631.40
贺州市	1522.60	522.60	
河池市	34061.60	26014.90	3958.10
来宾市	44114.40	39780.30	6667.60
崇左市	2768.20	2330.70	241.50

2-D-11 各地区专业承包建筑业企业固定资产情况

单位：万元

地区	固定资产原价	固定资产折旧	#本年折旧	在建工程
广西壮族自治区	**164647.00**	**97798.60**	**11972.60**	**65239.70**
南宁市	82116.00	49764.70	6970.90	2503.90
柳州市	22076.80	14506.00	1261.90	40.70
桂林市	12844.70	7891.40	889.40	2011.60
梧州市	6991.40	5171.50	525.60	
北海市	5430.70	2966.30	382.30	60486.90
防城港市	5444.40	2040.10	447.60	59.60
钦州市	2565.50	1223.60	116.60	
贵港市	5415.70	3420.00	219.40	
玉林市	6740.70	3543.90	126.80	2.30
百色市	5402.50	1909.90	515.00	
贺州市				
河池市	4755.10	2695.00	340.80	88.80
来宾市	4569.20	2446.50	137.60	45.90
崇左市	294.30	219.70	38.70	

2-D-12 各地区专业承包建筑业企业负债及所有者权益

单位：万元

地　区	负债合计	#流动负债	#应付账款	所有者权益合计	#实收资本
广西壮族自治区	**925712.00**	**873091.40**	**324820.00**	**488557.00**	**362492.30**
南宁市	490818.10	473585.70	178167.20	269591.00	211712.40
柳州市	82883.40	78728.10	31576.50	28027.10	21765.50
桂林市	122618.00	101521.90	29661.90	45422.70	32365.40
梧州市	7116.50	6943.70	748.60	9196.40	3982.60
北海市	62195.70	60711.60	27556.80	43821.00	35109.60
防城港市	32118.00	32118.00	12707.60	11041.80	7019.10
钦州市	10352.10	9142.10	5014.60	7223.80	4666.80
贵港市	16153.00	16153.00	6494.30	11867.10	6665.20
玉林市	28177.90	28137.30	9296.60	16771.20	13314.50
百色市	23307.90	16078.70	5838.90	13099.50	7688.60
贺州市				1522.60	1300.00
河池市	16515.80	16515.70	6546.60	17545.80	7216.30
来宾市	31793.90	31793.90	10232.30	12320.50	8886.30
崇左市	1661.70	1661.70	978.10	1106.50	800.00

2-D-13 各地区专业承包建筑业企业实收资本

单位：万元

地　　区	合计	国家资本	集体资本	法人资本	个人资本	港澳台资本	外商资本
广西壮族自治区	**362492.30**	**42732.80**	**22210.00**	**166782.60**	**130746.90**	**10**	**10**
南宁市	211712.40	24929.20	14344.40	93915.50	78503.30	10	10
柳州市	21765.50	2146.00	200.00	13289.90	6129.60		
桂林市	32365.40	6678.20	1018.00	11466.00	13203.20		
梧州市	3982.60				3982.60		
北海市	35109.60	303.40		18490.50	16315.70		
防城港市	7019.10		1296.10	1000.00	4723.00		
钦州市	4666.80			4666.80			
贵港市	6665.20	3508.30	2525.90		631.00		
玉林市	13314.50		800.00	10887.50	1627.00		
百色市	7688.60	2500.00	1000.00	2514.40	1674.20		
贺州市	1300.00			300.00	1000.00		
河池市	7216.30		1025.60	4333.40	1857.30		
来宾市	8886.30	2667.70		5918.60	300.00		
崇左市	800.00				800.00		

2-D-14 各地区专业承包建筑业企业收入情况

单位：万元

地　区	主营业务收入	#主营业务成本	#主营业务税金及附加	其他业务收入	#其他业务利润
广西壮族自治区	**1627468.70**	**1488101.60**	**102704.50**	**52811.00**	**3206.70**
南宁市	910153.50	841877.80	98435.90	37118.70	2401.80
柳州市	120268.50	111059.40	570.70	117.00	
桂林市	148604.00	136888.90	868.30	9826.60	103.90
梧州市	8333.50	6968.00	20.30		
北海市	164226.00	153690.50	914.50	2168.30	152.70
防城港市	57482.00	54362.50	227.90	87.30	87.30
钦州市	20815.80	16641.40	226.30		-0.10
贵港市	26880.80	23114.20	179.30	482.20	0.90
玉林市	48226.80	37607.40	437.50	2330.40	144.30
百色市	27103.80	21046.60	158.90	23.80	10.50
贺州市	3193.50	2957.90	112.40		
河池市	40747.10	34980.90	241.40	440.50	267.10
来宾市	47468.90	44137.50	292.60	216.20	38.30
崇左市	3964.50	2768.60	18.50		

2-D-15 各地区专业承包建筑业企业费用情况

单位：万元

地　区	管理费用	销售费用	财务费用		
				#利息收入	#利息支出
广西壮族自治区	**101390.20**	**11483.50**	**5571.60**	**950.20**	**3400.60**
南宁市	55113.20	6339.90	2441.40	736.70	1557.10
柳州市	5793.60	227.90	727.10	5.60	577.70
桂林市	8109.90	194.70	960.60	2.60	564.00
梧州市	561.60		422.80	0.10	362.60
北海市	5870.60	836.10	254.90	43.10	79.30
防城港市	2528.70	34.20	120.10	0.80	3.30
钦州市	2565.70	119.30	15.50	-1.50	0.60
贵港市	3304.10		106.30	100.60	1.90
玉林市	5933.70	3251.60	233.50	0.20	7.10
百色市	3647.70	174.20	214.50	3.00	143.50
贺州市	59.20	0.80	0.50		
河池市	4649.50	224.20	-22.00	31.50	9.20
来宾市	2450.00		97.50	25.00	92.90
崇左市	802.70	80.60	-1.10	2.50	1.40

2-D-16 各地区专业承包建筑业企业利润及税金情况

单位：万元

地　　区	利润总额	#应缴所得税	税金总额	主营业务税金及附加	应缴增值税
广西壮族自治区	**38032.00**	**10463.20**	**154920.70**	**102704.50**	**52216.20**
南宁市	20239.90	4145.00	123630.00	98435.90	25194.10
柳州市	1389.70	350.00	4436.40	570.70	3865.70
桂林市	2807.50	1357.90	5217.20	868.30	4348.90
梧州市	312.80	117.40	15.90	20.30	-4.40
北海市	3823.70	2452.60	6311.60	914.50	5397.10
防城港市	221.20	176.00	3102.20	227.90	2874.30
钦州市	1215.20	376.30	1190.60	226.30	964.30
贵港市	1954.20	51.00	1563.10	179.30	1383.80
玉林市	1288.30	363.50	2731.90	437.50	2294.40
百色市	1899.40	443.50	1483.80	158.90	1324.90
贺州市	62.70	61.60	209.10	112.40	96.70
河池市	1564.90	243.40	2383.40	241.40	2142.00
来宾市	957.30	250.30	2259.50	292.60	1966.90
崇左市	295.20	74.70	386.00	18.50	367.50

2-D-17 各地区专业承包建筑业企业应收工程款及企业亏损情况

地　　区	应收工程款（万元）	企业个数（个）		亏损企业的比重（%）
			#亏损企业个数	
广西壮族自治区	**441454**	**255**	**49**	**19.22**
南宁市	221260	123	24	19.51
柳州市	35744	23	5	21.74
桂林市	45097	36	8	22.22
梧州市	3445	4	2	50.00
北海市	37300	17	2	11.76
防城港市	18406	7	2	28.57
钦州市	5631	7	2	28.57
贵港市	11237	6	1	16.67
玉林市	16090	8	1	12.50
百色市	9376	8		
贺州市	295	2	1	50.00
河池市	12981	9		
来宾市	23438	4	1	25.00
崇左市	1156	1		

2-D-18 各地区专业承包建筑业企业主要经济效益指标

地　区	产值利润率（%）	产值利税率（%）	资本利润率（%）	资本利税率（%）	人均利润（元/人）	人均利税（元/人）	资产负债率（%）
广西壮族自治区	**2.80**	**14.00**	**10.5**	**53.20**	**9888**	**50168**	**65.50**
南宁市	2.60	18.00	9.50	66.50	9107	63768	65.10
柳州市	1.80	7.80	6.40	26.80	5441	22812	74.70
桂林市	1.80	5.20	8.70	24.80	10209	29181	73.00
梧州市	2.90	3.10	7.90	8.30	26966	28336	43.60
北海市	5.20	14.60	11.50	32.40	22479	63230	51.30
防城港市	1.00	15.70	3.20	47.30	1910	28699	74.40
钦州市	5.70	11.20	26.00	51.60	15721	31123	58.90
贵港市	5.70	10.30	29.30	52.80	20441	36792	57.80
玉林市	2.70	8.40	9.70	30.20	10718	33446	62.70
百色市	8.10	14.40	24.70	44.00	24861	44283	64.00
贺州市	1.90	8.40	4.80	20.90	5452	23635	
河池市	4.00	10.00	21.70	54.70	9114	22995	48.50
来宾市	1.20	4.00	10.80	36.20	4654	15638	72.10
崇左市	7.40	17.20	36.90	85.20	21867	50459	60.0

2-D-19 各地区按资质等级划分的专业承包建筑业企业单位数

单位：个

地　区	合计	特级	一级	二级	三级及以下
广西壮族自治区	**255**		**40**	**78**	**137**
南宁市	123		26	42	55
柳州市	23		2	7	14
桂林市	36		5	10	21
梧州市	4			1	3
北海市	17		3	5	9
防城港市	7			4	3
钦州市	7		1	1	5
贵港市	6		1	2	3
玉林市	8			3	5
百色市	8				8
贺州市	2		1		1
河池市	9			2	7
来宾市	4		1	1	2
崇左市	1				1

2-D-20 各地区按资质等级划分的专业承包建筑业企业期末人数

单位：人

地区	合计	一级	二级	三级及以下
广西壮族自治区	**36378**	**12400**	**10299**	**13679**
南宁市	21449	8560	5957	6932
柳州市	2047	141	948	958
桂林市	2725	1068	655	1002
梧州市	119		40	79
北海市	1690	304	431	955
防城港市	1137		258	879
钦州市	851	320	50	481
贵港市	985	112	648	225
玉林市	985		474	511
百色市	795			795
贺州市	115	95		20
河池市	1243		619	624
来宾市	2132	1800	219	113
崇左市	105			105

2-D-21 各地区按资质等级划分的专业承包企业建筑业总产值

单位：万元

地　区	合计	一级	二级	三级及以下
广西壮族自治区	**1380012.20**	**447789**	**437851**	**494372**
南宁市	794137.40	302583	249055	242499
柳州市	75144.00	2682	46429	26033
桂林市	153818.80	55499	25852	72468
梧州市	10604.50		4957	5647
北海市	72136.20	14656	27029	30452
防城港市	21107.10		12538	8569
钦州市	21466.70	902	450	20115
贵港市	33988.60	13272	15778	4938
玉林市	47741.50		20812	26929
百色市	23494.70			23495
贺州市	3226.80	2827		400
河池市	39596.60		18116	21480
来宾市	79584.80	55368	16835	7382
崇左市	3964.50			3964

2-D-22 各地区按资质等级划分的专业承包建筑业企业签订合同额

单位：万元

地区	合计			
		一级	二级	三级及以下
广西壮族自治区	**2474917.10**	**897201.50**	**780085.50**	**797630.10**
南宁市	1583472.20	686939.80	482504.40	414028.00
柳州市	112176.00	4153.90	68295.10	39727.00
桂林市	229884.80	72651.90	45315.50	111917.40
梧州市	15917.20		10118.40	5798.80
北海市	130407.60	49541.50	45433.40	35432.70
防城港市	42938.10		23425.60	19512.50
钦州市	36079.80	2593.00	449.50	33037.30
贵港市	42730.50	15931.40	15639.20	11159.90
玉林市	75560.20		33348.50	42211.70
百色市	35811.10			35811.10
贺州市	3515.30	2915.30		600.00
河池市	63710.60		28883.80	34826.80
来宾市	98749.20	62474.70	26672.10	9602.40
崇左市	3964.50			3964.50

2-D-23 各地区按资质等级划分的专业承包建筑业企业竣工产值

单位：万元

地　区	合计	一级	二级	三级及以下
广西壮族自治区	**763927.30**	**268325.30**	**231746.70**	**263855.30**
南宁市	379722.30	144049.20	116358.10	119315.00
柳州市	42777.10	1287.00	34535.30	6954.80
桂林市	121077.20	54631.00	20604.20	45842.00
梧州市	3480.00			3480.00
北海市	38604.40	8510.10	3009.20	27085.10
防城港市	13821.30		12328.50	1492.80
钦州市	11949.50	868.90	449.50	10631.10
贵港市	25972.10	13272.30	7793.70	4906.10
玉林市	37883.40		19349.40	18534.00
百色市	17484.30			17484.30
贺州市	3226.80	2826.80		400.00
河池市	20840.70		17318.80	3521.90
来宾市	43123.70	42880.00		243.70
崇左市	3964.50			3964.50

2-D-24 各地区按资质等级划分的专业承包建筑业企业房屋施工面积

单位：万平方米

地　区	合计	一级	二级	三级及以下
广西壮族自治区	**89.19**	**38.24**	**21.88**	**29.07**
南宁市	18.92	4.33	9.59	5.00
柳州市	8.01		8.01	
桂林市	20.49			20.49
梧州市				
北海市	1.52		0.35	1.17
防城港市	3.91		3.91	
钦州市	0.41	0.41		
贵港市				
玉林市	0.72		0.01	0.70
百色市				
贺州市	1.70			1.70
河池市				
来宾市	33.50	33.50		
崇左市				

2-D-25 各地区按资质等级划分的专业承包建筑业企业房屋竣工面积

单位：万平方米

地　　区	合计	一级	二级	三级及以下
广西壮族自治区	**43.23**	**11.06**	**12.25**	**19.91**
南宁市	5.44	2.90	1.54	1.00
柳州市	6.80		6.80	
桂林市	17.14			17.14
梧州市				
北海市	0.65			0.65
防城港市	3.91		3.91	
钦州市	0.41	0.41		
贵港市				
玉林市	0.63			0.63
百色市				
贺州市	0.50			0.50
河池市				
来宾市	7.76	7.76		
崇左市				

2-D-26 各地区按资质等级划分的专业承包企业自有施工机械设备台数

单位：台

地　区	合计			
		一级	二级	三级及以下
广西壮族自治区	**5276**	**1296**	**1728**	**2252**
南宁市	2145	834	542	769
柳州市	635	30	261	344
桂林市	1053	297	577	179
梧州市	40			40
北海市	182	20	76	86
防城港市	621		26	595
钦州市	28	18	8	2
贵港市	25	5		20
玉林市	90			90
百色市	101			101
贺州市	2	2		
河池市	252		238	14
来宾市	90	90		
崇左市	12			12

2-D-27 各地区按资质等级划分的专业承包企业自有施工机械设备总功率

单位：万千瓦

地　　区	合计	一级	二级	三级及以下
广西壮族自治区	**9.18**	**3**	**3**	**4**
南宁市	4.48	2	1	1
柳州市	0.33			
桂林市	1.30		1	
梧州市	0.26			
北海市	0.28			
防城港市	0.08			
钦州市	0.10			
贵港市	1.50			2
玉林市	0.30			
百色市	0.09			
贺州市	0.01			
河池市	0.43			
来宾市	0.03			
崇左市				

2-D-28 各地区按资质等级划分的专业承包建筑业企业实收资本

单位：万元

地　　区	合计	一级	二级	三级及以下
广西壮族自治区	**362492.30**	**91269.00**	**125019.00**	**146204.30**
南宁市	211712.40	67122.20	71056.60	73533.60
柳州市	21765.50	2000.00	11677.30	8088.20
桂林市	32365.40	5708.80	6808.10	19848.50
梧州市	3982.60		2100.00	1882.60
北海市	35109.60	9118.00	13667.10	12324.50
防城港市	7019.10		4773.00	2246.10
钦州市	4666.80	50.00	353.80	4263.00
贵港市	6665.20	1270.00	3363.10	2032.10
玉林市	13314.50		4644.50	8670.00
百色市	7688.60			7688.60
贺州市	1300.00	1000.00		300.00
河池市	7216.30		3907.80	3308.50
来宾市	8886.30	5000.00	2667.70	1218.60
崇左市	800.00			800.00

2-D-29 各地区按资质等级划分的专业承包建筑业企业资产

单位：万元

地　区	合计			
		一级	二级	三级及以下
广西壮族自治区	**1414210.00**	**41132.94**	**46568.16**	**53719.86**
南宁市	760409.00	27521.13	23544.53	24975.25
柳州市	110910.00	618.77	6789.13	3683.15
桂林市	168041.00	6640.03	3342.13	6821.91
梧州市	16313.00		715.60	915.69
北海市	106017.00	3558.57	4613.35	2429.75
防城港市	43160.00		536.27	3779.71
钦州市	17576.00	45.26	43.54	1668.79
贵港市	27961.00	569.66	1440.06	786.35
玉林市	44949.00		1894.59	2600.32
百色市	36407.00			3640.74
贺州市	1523.00	100.00		52.26
河池市	34062.00		1860.25	1545.91
来宾市	44114.00	2079.52	1788.71	543.21
崇左市	2768.00			276.82

2-D-30 各地区按资质等级划分的专业承包建筑业企业所有者权益

单位：万元

地　区	合计	一级	二级	三级及以下
广西壮族自治区	**488557.00**	**132787.40**	**163017.40**	**192752.20**
南宁市	269591.00	100811.40	85137.70	83641.90
柳州市	28027.10	3374.90	12837.00	11815.20
桂林市	45422.70	7445.40	10998.40	26978.90
梧州市	9196.40		2131.40	7065.00
北海市	43821.00	11680.90	18006.00	14134.10
防城港市	11041.80		5988.80	5053.00
钦州市	7223.80	51.20	353.80	6818.80
贵港市	11867.10	3423.60	5965.50	2478.00
玉林市	16771.20		5888.70	10882.50
百色市	13099.50			13099.50
贺州市	1522.60	1000.00		522.60
河池市	17545.80		10749.20	6796.60
来宾市	12320.50	5000.00	4960.90	2359.60
崇左市	1106.50			1106.50

2-D-31 各地区按资质等级划分的专业承包建筑业企业负债

单位：万元

地　区	合计	一级	二级	三级及以下
广西壮族自治区	**925712.00**	**278542.00**	**302664.20**	**344505.80**
南宁市	490818.10	174399.90	150307.60	166110.60
柳州市	82883.40	2812.80	55054.30	25016.30
桂林市	122618.00	58954.90	22422.90	41240.20
梧州市	7116.50		5024.60	2091.90
北海市	62195.70	23904.80	28127.50	10163.40
防城港市	32118.00		-626.10	32744.10
钦州市	10352.10	401.40	81.60	9869.10
贵港市	16153.00	2273.00	8435.10	5444.90
玉林市	28177.90		13057.20	15120.70
百色市	23307.90			23307.90
贺州市				
河池市	16515.80		7853.30	8662.50
来宾市	31793.90	15795.20	12926.20	3072.50
崇左市	1661.70			1661.70

2-D-32 各地区按资质等级划分的专业承包建筑业企业营业收入

单位：万元

地　区	合计	一级	二级	三级及以下
广西壮族自治区	**1680279.70**	**514640.30**	**570405.30**	**595234.10**
南宁市	947272.20	380842.10	281736.00	284694.10
柳州市	120385.50	6341.30	72854.10	41190.10
桂林市	158430.60	60362.70	29257.60	68810.30
梧州市	8333.50		4789.90	3543.60
北海市	166394.30	33933.30	96750.40	35710.60
防城港市	57569.30		10572.30	46997.00
钦州市	20815.80	589.00	449.40	19777.40
贵港市	27363.00	5616.50	16228.90	5517.60
玉林市	50557.20		20398.30	30158.90
百色市	27127.60			27127.60
贺州市	3193.50	2826.80		366.70
河池市	41187.60		20533.60	20654.00
来宾市	47685.10	24128.60	16834.80	6721.70
崇左市	3964.50			3964.50

2-D-33 各地区按资质等级划分的专业承包建筑业企业利税总额

地　区	合计			
		一级	二级	三级及以下
广西壮族自治区	**192952.70**	**122100.50**	**36067.40**	**34784.80**
南宁市	144280.40	116222.60	17631.00	10426.80
柳州市	5826.1	451.80	2512.00	2862.30
桂林市	8024.70	2901.70	1887.00	3236.00
梧州市	328.7		-346.70	675.40
北海市	9724.80	850.00	6906.10	1968.70
防城港市	3323.40		16.10	3307.30
钦州市	2405.80	56.30	-10.30	2359.80
贵港市	3517.30	542.70	2571.30	403.30
玉林市	4020.20		1441.70	2578.50
百色市	3383.20			3383.20
贺州市	271.80	269.30		2.50
河池市	3948.30		1530.70	2417.60
来宾市	3216.80	806.10	1928.50	482.20
崇左市	681.20			681.20

2-D-34 各地区按资质等级划分的专业承包建筑业企业利润总额

单位：万元

地　区	合计	一级	二级	三级及以下
广西壮族自治区	**38032.00**	**10711.30**	**13792.20**	**13528.50**
南宁市	20239.90	8045.90	8894.30	3299.70
柳州市	1389.70	305.70	220.20	863.80
桂林市	2807.50	793.40	403.00	1611.10
梧州市	312.80		−199.90	512.70
北海市	3823.70	1150.10	1827.10	846.50
防城港市	221.20		−253.40	474.60
钦州市	1215.20	−8.50	−15.00	1238.70
贵港市	1954.20	247.50	1693.70	13.00
玉林市	1288.30		254.70	1033.60
百色市	1899.40			1899.40
贺州市	62.70	87.50		−24.80
河池市	1564.90		433.20	1131.70
来宾市	957.30	89.70	534.30	333.30
崇左市	295.20			295.20

2-D-35 各地区按资质等级划分的专业承包建筑业企业税金总额

单位：万元

地　区	合计	一级	二级	三级及以下
广西壮族自治区	**154920.70**	**111389.20**	**22275.20**	**21256.30**
南宁市	123630.00	107766.20	8736.70	7127.10
柳州市	4436.40	146.10	2291.80	1998.50
桂林市	5217.20	2108.30	1484.00	1624.90
梧州市	15.90		-146.80	162.70
北海市	6311.60	110.40	5079.00	1122.20
防城港市	3102.20		269.50	2832.70
钦州市	1190.60	64.80	4.70	1121.10
贵港市	1563.10	295.20	877.60	390.30
玉林市	2731.90		1187.00	1544.90
百色市	1483.80			1483.80
贺州市	209.10	181.80		27.30
河池市	2383.40		1097.50	1285.90
来宾市	2259.50	716.40	1394.20	148.90
崇左市	386.00			386.00

2-D-36 各地区按资质等级划分的专业承包建筑业企业主营业务收入

单位：万元

地　区	合计	一级	二级	三级及以下
广西壮族自治区	**1627468.70**	**511191.30**	**538561.40**	**577716.00**
南宁市	910153.50	378018.90	262402.00	269732.60
柳州市	120268.50	6341.30	72737.10	41190.10
桂林市	148604.00	59768.40	20421.00	68414.60
梧州市	8333.50		4789.90	3543.60
北海市	164226.00	33933.30	96356.30	33936.40
防城港市	57482.00		10572.30	46909.70
钦州市	20815.80	589.00	449.40	19777.40
贵港市	26880.80	5585.00	15778.20	5517.60
玉林市	48226.80		18249.70	29977.10
百色市	27103.80			27103.80
贺州市	3193.50	2826.80		366.70
河池市	40747.10		20146.00	20601.10
来宾市	47468.90	24128.60	16659.50	6680.80
崇左市	3964.50			3964.50

2-D-37 各地区按资质等级划分的专业承包建筑业企业管理费用

单位：万元

地区	合计	一级	二级	三级及以下
广西壮族自治区	**101390.20**	**19818.00**	**36450.30**	**45121.90**
南宁市	55113.20	16179.40	20545.70	18388.10
柳州市	5793.60	109.50	2607.80	3076.30
桂林市	8109.90	1751.80	1996.90	4361.20
梧州市	561.60		227.50	334.10
北海市	5870.60	538.70	2803.10	2528.80
防城港市	2528.70		407.70	2121.00
钦州市	2565.70	8.70	33.20	2523.80
贵港市	3304.10	775.50	2179.10	349.50
玉林市	5933.70		2624.80	3308.90
百色市	3647.70			3647.70
贺州市	59.20	23.90		35.30
河池市	4649.50		1848.20	2801.30
来宾市	2450.00	430.50	1176.30	843.20
崇左市	802.70			802.70

2-D-38 各地区按资质等级划分的专业承包建筑业企业财务费用

单位：万元

地　区	合计	一级	二级	三级及以下
广西壮族自治区	**5571.60**	**1833.00**	**1336.00**	**2402.60**
南宁市	2441.40	1370.90	389.20	681.30
柳州市	727.10	115.00	439.60	172.50
桂林市	960.60	146.50	29.20	784.90
梧州市	422.80		349.30	73.50
北海市	254.90	197.60	9.40	47.90
防城港市	120.10		3.40	116.70
钦州市	15.50	0.60		14.90
贵港市	106.30	–0.10	4.90	101.50
玉林市	233.50		51.00	182.50
百色市	214.50			214.50
贺州市	0.50	0.40		0.10
河池市	–22.00		–17.80	–4.20
来宾市	97.50	2.10	77.80	17.60
崇左市	–1.10			–1.10

2-D-39 各地区按资质等级划分的专业承包建筑业企业应收工程款

单位：万元

地　　区	合计	一级	二级	三级及以下
广西壮族自治区	**441454**	**141626.00**	**144588.80**	**155239.10**
南宁市	221260	90369.40	62352.70	68537.40
柳州市	35744	1763.60	26141.70	7838.50
桂林市	45097	20546.20	10915.00	13635.80
梧州市	3445		1370.20	2075.00
北海市	37300	12036.40	16970.80	8292.40
防城港市	18406		-1343.20	19748.70
钦州市	5631		41.20	5590.10
贵港市	11237	3081.60	4465.00	3690.50
玉林市	16090		8555.70	7533.90
百色市	9376			9375.80
贺州市	295			294.70
河池市	12981		7721.20	5259.60
来宾市	23438	13828.80	7398.50	2210.60
崇左市	1156			1156.10

2-E-1 各地区劳务分包建筑业企业生产经营情况

单位：万元

地　区	建筑业总产值	营业收入	主营业务税金及附加	利润总额	应付职工薪酬
广西壮族自治区	**30491.70**	**31153.50**	**138.70**	**193.70**	**50.40**
南宁市					
柳州市					
桂林市	30326.40	30326.40	126.30	158.00	45.90
梧州市					
北海市	164.80	824.10	12.40	35.60	4.50
防城港市					
钦州市	0.50	3.00		0.10	
贵港市					
玉林市					
百色市					
贺州市					
河池市					
来宾市					
崇左市					

2-E-2 各地区劳务分包建筑业企业个数和人员情况

地区	企业个数（个）	从事主营业务活动的从业人员平均人数（人）	从业人员期末人数（人）		
				#工程技术人员	#现场施工工人
广西壮族自治区	**3**	**6482**	**6356**	**4**	**6350**
南宁市					
柳州市					
桂林市	1	6480	6354	4	6350
梧州市					
北海市	1	2	2		
防城港市					
钦州市	1				
贵港市					
玉林市					
百色市					
贺州市					
河池市					
来宾市					
崇左市					

附　　录

主要指标解释

主要指标解释

研究与试验发展（R&D） 指在科学技术领域，为增加知识总量，以及运用这些知识去创造新的应用进行的系统的创造性的活动，包括基础研究、应用研究、试验发展三类活动。国际上通常采用R&D活动的规模和强度指标反映一国的科技实力和核心竞争力。

R&D人员 指参与研究与试验发展项目研究、管理和辅助工作的人员，包括项目（课题）组人员，企业科技行政管理人员和直接为项目（课题）活动提供服务的辅助人员。反映投入从事拥有自主知识产权的研究开发活动的人力规模。

R&D人员全时当量 指全时人员数加非全时人员按工作量折算为全时人员数的总和。例如：有两个全时人员和三个非全时人员（工作时间分别为20%、30%和70%），则全时当量为2+0.2+0.3+0.7=3.2人年。为国际上比较科技人力投入而制定的可比指标。

R&D经费内部支出 指调查单位用于内部开展R&D活动（基础研究、应用研究和试验发展）的实际支出。包括用于R&D项目（课题）活动的直接支出，以及间接用于R&D活动的管理费、服务费、与R&D有关的基本建设支出以及外协加工费等。不包括生产性活动支出、归还贷款支出以及与外单位合作或委托外单位进行R&D活动而转拨给对方的经费支出。

R&D经费支出中政府资金 指R&D经费内部支出中来自各级政府部门的各类资金，包括财政科学技术拨款、科学基金、教育等部门事业费以及政府部门预算外资金的实际支出。

R&D经费支出中企业资金 指R&D经费内部支出中来自本企业的自有资金和接受其他企业委托而获得的经费，以及科研院所、高校等事业单位从企业获得的资金的实际支出。

R&D项目数 指在当年立项并开展研究工作、以前年份立项仍继续进行研究的研发项目（课题）数，包括当年完成和年内研究工作已告失败的研发项目（课题），但不包括委托外单位进行的研发项目（课题）数。

R&D项目人员全时当量 指实际参加研发项目（课题）活动人员折合的全时当量。

R&D项目经费支出 指调查单位内部在报告年度进行研发项目（课题）研究和试制等的实际支出。包括劳务费、其他日常支出、固定资产购建费、外协加工费等，不包括委托或与外单位合作进行项目（课题）研究而拨付给对方使用的经费。

新产品销售收入 指报告期企业销售新产品实现的销售收入。新产品是指采用新技术原理、新设计构思研制、生产的全新产品，或在结构、材质、工艺等某一方面比原有产品有明显改进，从而显著提高了产品性能或扩大了使用功能的产品。既包括经政府有关部门认定并在有效期内的新产品，也包括企业自行研制开发，未经政府有关部门认定，从投产之日起一年之内的新产品。

技术改造经费支出 指报告期内企业进行技术改造而发生的费用支出。技术改造指企业在坚持科技进步的前提下，将科技成果应用于生产的各个领域（产品、设备、工艺等），用先进工艺、设备代替落后工艺、设备，实现以内涵为主的扩大再生产，从而提高产品质量、促进产品更新换代、节约能源、降低消耗，全面提高综合经济效益。

购买境内技术经费支出 指报告期内企业购买境内其他单位科技成果的经费支出。包括购买产品设计、工艺流程、图纸、配方、专利、技术诀窍及设备的费用支出。

引进境外技术经费支出 指报告期内企业用于购买国外或港澳台技术的费用支出，包括产品设计、工艺流程、图纸、配方、专利等技术资料的费用支出，以及购买设备、仪器、样机和样件等的费用支出。

引进境外技术的消化吸收经费支出 指报告期内企业引进国外或港澳台技术的消化吸收经费支出。引进技术的消化吸收指对引进技术的掌握、应用、复制而开展的工作，以及在此基础上的创新。引进技术的消化吸收经费支出包括：人员培训费、测绘费、参加消化吸收人员的工资、工装、工艺开发费、必备的配套设备费、翻版费等。